毎日のドリル 学研

できたよ ★ シート

べんきょうが おわった ページの ばんごうに
「できたよシール」を はろう!

なまえ

さんすう

| 1 | 2 | 3 | 4 | 5 |

| 11 | 10 | 9 |  | 6 |

JN051970

| 12 | 13 | 14 | 15 | 16 | 17 |

こくご

| 1 | 2 | 3 | 4 | 5 |

| 11 | 10 | 9 | 8 | 7 | 6 |

| 12 | 13 | 14 | 15 | 16 | 17 |

せいかつ

| 1 | 2 | 3 |

| 6 | 5 | 4 |

いっしょに
がんばろう!

やりきれるから自信がつく！

✓ 1日1枚の勉強で，学習習慣が定着！

◎目標時間にあわせ，無理のない量の問題数で構成されているので，
「1日1枚」やりきることができます。

◎解説が丁寧なので，まだ学校で習っていない内容でも勉強を進めることができます。

✓ すべての学習の土台となる「基礎力」が身につく！

◎スモールステップで構成され，1冊の中でも繰り返し練習していくので，
確実に「基礎力」を身につけることができます。「基礎」が身につくことで，
発展的な内容に進むことができるのです。

◎教科書に沿っているので，授業の進度に合わせて使うこともできます。

✓ 勉強管理アプリの活用で，楽しく勉強できる！

◎設定した勉強時間にアラームが鳴るので，学習習慣がしっかりと身につきます。

◎時間や点数などを登録していくと，成績がグラフ化されたり，
賞状をもらえたりするので，達成感を得られます。

◎勉強をがんばると，キャラクターとコミュニケーションを
取ることができるので，日々のモチベーションが上がります。

学研 毎日のドリルの **使い方**

❶ 1日1枚，集中して解きましょう。

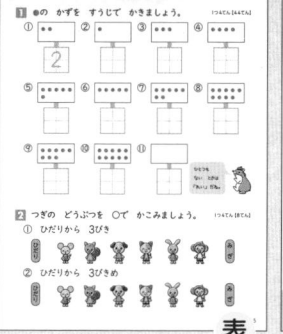

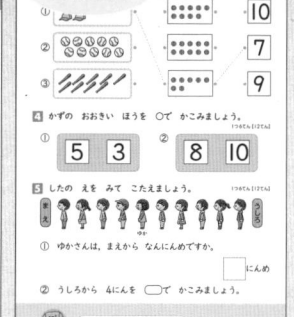

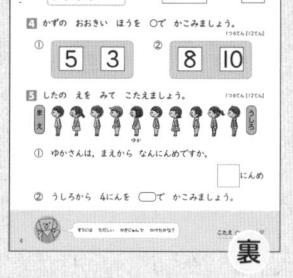

表

裏

◎**1冊で，主要教科の勉強ができます。**
算数，国語，生活の順に並んでいます。もくじから，勉強したい教科・内容を選んで進めましょう。

◎**1回分は，1枚（表と裏）です。**
1枚ずつはがして使うこともできます。

◎**目標時間を意識して解きましょう。**
アプリのストップウォッチなどで，かかった時間を計るとよいでしょう。

❷ おうちの方に，答え合わせをしてもらいましょう。

・本の最後に，「こたえとアドバイス」があります。

・答え合わせをして，点数をつけてもらいましょう。

> できなかった問題を解き直すと，より力がつくよ！

❸ 「できたよシート」に，「できたよシール」をはりましょう。

・勉強した回の番号に，好きなシールをはりましょう。

❹ アプリに得点を登録しましょう。

・アプリに得点を登録すると，成績がグラフ化されます。
・勉強すると，キャラクターが育ちます。

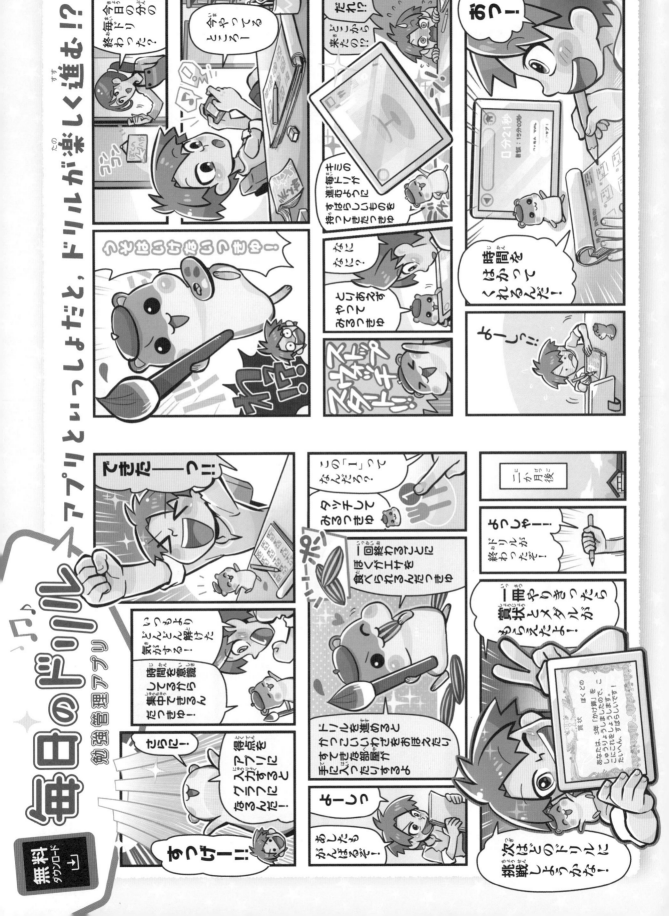

♪ 毎日のドリル ♪ 勉強管理アプリ

「毎日のドリル」シリーズ専用、スマートフォン・タブレットで使える無料アプリです。1つのアプリで、シリーズすべてを管理でき、学習習慣が楽しく身につきます。

① 「毎日のドリル」の学習を徹底サポート！

- 毎日の勉強タイムをお知らせする[タイマー]
- かかった時間を計る[ストップウォッチ]
- 勉強した時間を記録する[カレンダー]
- 入力した得点を[グラフ化]

（吹き出し）目標時間を意識しよう！

② キャラクターと楽しく学べる！

好きなキャラクターを選ぶことができます。勉強をがんばるとキャラクターが育ち、「ひみつ」や「ワザ」が増えます。

③ 1冊終わると、ごほうびがもらえる！

ドリルが1冊終わるごとに、賞状やメダル、称号がもらえます。

（吹き出し）ごほうびは やるきが でるっちゅ！

④ 漢字と英単語のゲームにチャレンジ！

ゲームで、どこでも手軽に、楽しく勉強できます。漢字は学年別、英単語はレベル別に構成されており、ドリルで勉強した内容の確認にもなります。

（吹き出し）自己ベスト更新を目指そう！

漢字のよみがなを当てよう／英単語のいみを当てよう

アプリの無料ダウンロードはこちらから！
https://gakken-ep.jp/extra/maidori/

【推奨環境】
■各種Android端末：対応OS Android6.0以上
■各種iOS(iPadOS)端末：対応OS iOS10以上

※対応OSであってもIntel CPU（x86 Atom）搭載の端末では正しく動作しない場合があります。
※対応OSや対応機種については、各ストアでご確認ください。

※お客様のネット環境および携帯端末によりアプリをご利用できない場合があります。また、事前の予告なく、サービスの提供を中止する場合がありますので、あらかじめご了承ください。

1　10までの　かず，なんばんめ

1 ●の　かずを　すうじで　かきましょう。　　1つ4てん【44てん】

① 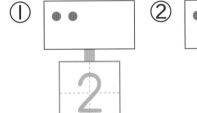　2

②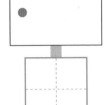

③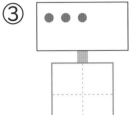

④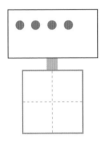

⑤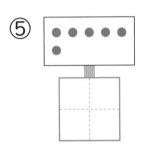

⑥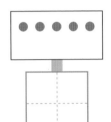

⑦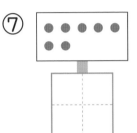

⑧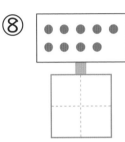

⑨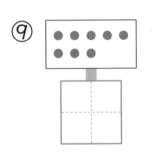

⑩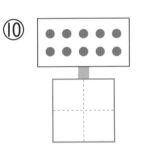

⑪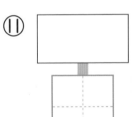

 ひとつも　ない　ときは「れい」だね。

2 つぎの　どうぶつを　〇で　かこみましょう。　　1つ4てん【8てん】

① ひだりから　3びき

ひだり   みぎ

② ひだりから　3びきめ

ひだり   みぎ

3 おなじ かずを ――で つなぎましょう。

1つ4てん【24てん】

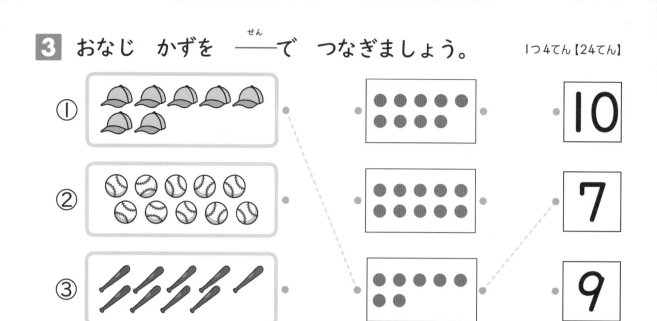

① ②

③

4 かずの おおきい ほうを ○で かこみましょう。

1つ6てん【12てん】

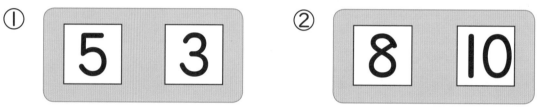

① 5 3　　　② 8 10

5 したの えを みて こたえましょう。

1つ6てん【12てん】

まえ　　　　　　　　　　　　　　　　　うしろ

ゆか

① ゆかさんは，まえから なんにんめですか。

　　　　　　　　　　　　　　　　にんめ

② うしろから 4にんを ⬭で かこみましょう。

すうじは ただしい かきじゅんで かけたかな?

こたえ ▶ 85ページ

2 いくつと いくつ

1 5は いくつと いくつですか。
□に かずを かきましょう。 1つ4てん【16てん】

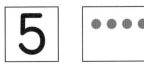 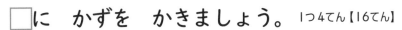

① 5は 4と `|`　　② 5は 3と ☐

③ 5は 1と ☐　　④ 5は 2と ☐

2 あと いくつで 8に なりますか。
□に かずを かきましょう。 1つ3てん【9てん】

① 　　② 　　③

☐　　　　　　☐　　　　　　☐

3 うえと したの 2まいの カードで 10に なるように,
・と ・を ──で つなぎましょう。 1つ5てん【20てん】

   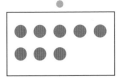

4 □に あう かずを かきましょう。

①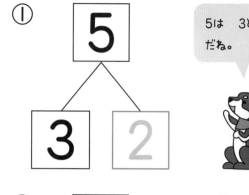
5
3　2

5は　3と　2
だね。

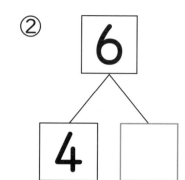

②
6
4　□

③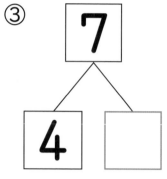
7
4　□

④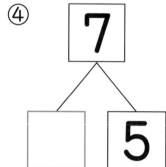
7
□　5

⑤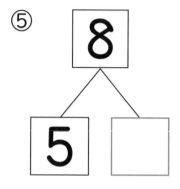
8
5　□

⑥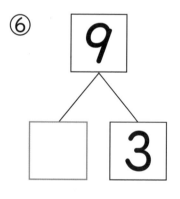
9
□　3

⑦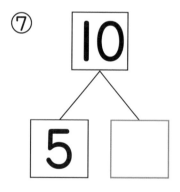
10
5　□

⑧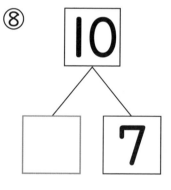
10
□　7

⑨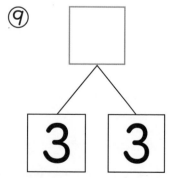
□
3　3

⑩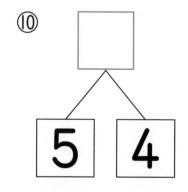
□
5　4

⑪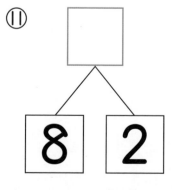
□
8　2

アプリに　とくてんを　とうろくしよう！

こたえ ▶ 85ページ

8

3 あわせて いくつ， ふえると いくつ

月　日　　10ぷん

とくてん

てん

1 たしざんの しきに かきましょう。

1つ3てん【6てん】

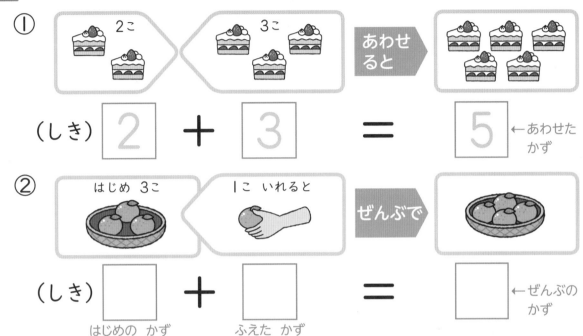

① 2こ　3こ　あわせると

（しき） 2 ＋ 3 ＝ 5 ←あわせた かず

② はじめ 3こ　1こ いれると　ぜんぶで

（しき） ☐ ＋ ☐ ＝ ☐ ←ぜんぶの かず

はじめの かず　　ふえた かず

2 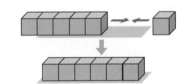を みて，たしざんを しましょう。

1つ4てん【20てん】

① 5 ＋ 1 ＝ ☐

5 たす 1 は 6

② 1 ＋ 4 ＝ ☐

③ 6 ＋ 2 ＝ ☐

④ 3 ＋ 3 ＝ ☐

⑤ 4 ＋ 6 ＝ ☐

3 たしざんの　しきに　かきましょう。 1つ3てん【6てん】

①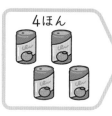

（しき）

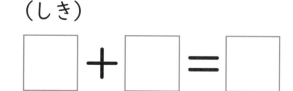

②

（しき）

4 たしざんを　しましょう。 1つ5てん【60てん】

① 2 ＋ 2 ＝ 4

② 7 ＋ 1

③ 4 ＋ 1

④ 1 ＋ 6

⑤ 5 ＋ 3

⑥ 2 ＋ 4

⑦ 4 ＋ 3

⑧ 6 ＋ 3

⑨ 2 ＋ 7

⑩ 4 ＋ 4

⑪ 7 ＋ 3

⑫ 2 ＋ 8

5 たしざんを　しましょう。 1つ4てん【8てん】

① 5 ＋ 0

② 0 ＋ 8

しきも　たしざんも　できたね。

こたえ ▶ 85ページ

4 のこりは　いくつ，ちがいは　いくつ

1 ひきざんの　しきに　かきましょう。　　1つ3てん【6てん】

①

（しき）　3　−　1　＝　2　←のこりの
　　　　はじめの　かず　　へった　かず　　　　　　　　　　　　かず

② 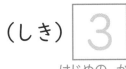との　かずの
ちがいは　いくつですか。

8まい　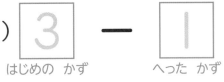
5まい　　ちがい

（しき）　□　−　□　＝　□　←ちがい
　　　　おおい　ほうの　かず　　すくない　ほうの　かず

2 を　みて，ひきざんを　しましょう。　　1つ4てん【20てん】

① 7 − 2 ＝ □　　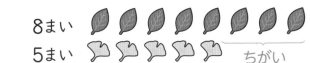
　7　ひく　2　は　5

② 4 − 2 ＝ □　　　③ 6 − 5 ＝ □
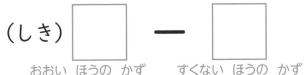　　　　　　

④ 9 − 2 ＝ □　　　⑤ 10−5 ＝ □
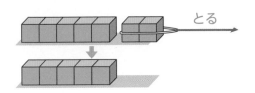

3 ひきざんの しきに かきましょう。

1つ3てん【6てん】

① のこりは なんぼんですか。

（しき）

□ ― □ ＝ □

② くりの ほうが なんこ おおいですか。

くり　6こ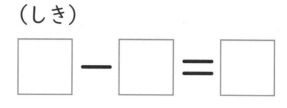
かき　4こ

（しき）

□ ― □ ＝ □

4 ひきざんを しましょう。

1つ5てん【60てん】

① 4 － 3

② 5 － 1

③ 6 － 3

④ 7 － 5

⑤ 8 － 4

⑥ 6 － 2

⑦ 9 － 7

⑧ 7 － 4

⑨ 8 － 2

⑩ 9 － 6

⑪ 10 － 8

⑫ 10 － 3

5 ひきざんを しましょう。

1つ4てん【8てん】

① 3 － 0

② 6 － 6

 ひきざんも よく できたね。

5 たしざんと ひきざんの 文しょうだい①

1 めだかが すいそうに 4ひき，
きんぎょばちに 3びき います。
あわせて なんびき いますか。

しき5てん，こたえ5てん【10てん】

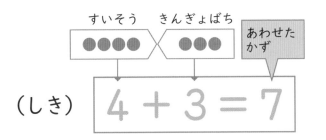

すいそう　きんぎょばち　あわせた かず

（しき）　4 ＋ 3 ＝ 7　　こたえ　7ひき

2 こうえんに こどもが 5にん います。そこへ 4にん
きました。
みんなで なんにんに なりましたか。

しき10てん，こたえ5てん【15てん】

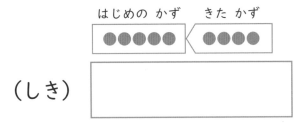

はじめの かず　きた かず

「にん」も わすれずに かきましょう。

（しき）　　　　　こたえ

3 みかんが 9こ，りんごが 6こ あります。
みかんの ほうが なんこ おおいですか。

しき10てん，こたえ5てん【15てん】

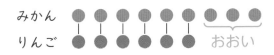

みかん
りんご
おおい

（しき）　　　　　こたえ

4 わなげを しました。1かいめに 6こ，
2かいめに 4こ はいりました。
あわせて なんこ はいりましたか。

しき10てん，こたえ10てん【20てん】

（しき）

こたえ _____

5 きゅうりが 9ほん あります。
2ほん たべました。
のこりは なんぼんに
なりましたか。 しき10てん，こたえ10てん【20てん】

「のこりは いくつ」
は，ひきざんに
なるね。

（しき）

こたえ _____

6 かごの なかに かぶとむしが 10ぴき，くわがたが
6ぴき います。
かずの ちがいは なんびきですか。 しき10てん，こたえ10てん【20てん】

（しき）

こたえ _____

こたえも きちんと かけたかな？

こたえ ▶ 86ページ

6 かずの せいり

1 したの やさいの かずを しらべます。

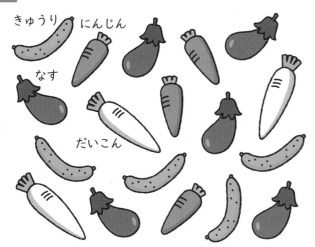

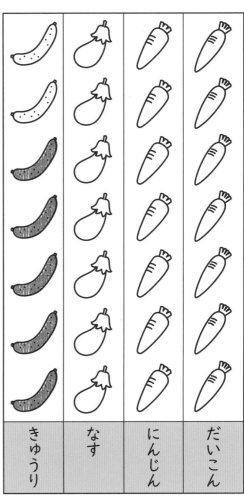

① きゅうりの かずだけ、
みぎの えに いろを
ぬりました。おなじように、
なす、にんじん、だいこんの
かずだけ、えに したから
いろを ぬりましょう。

② いちばん おおい やさいは なんですか。

③ いちばん すくない やさいは なんですか。

2 いえに ある くだものの
かずを しらべて，その
かずだけ みぎのように
えに いろを ぬりました。

1つ10てん【50てん】

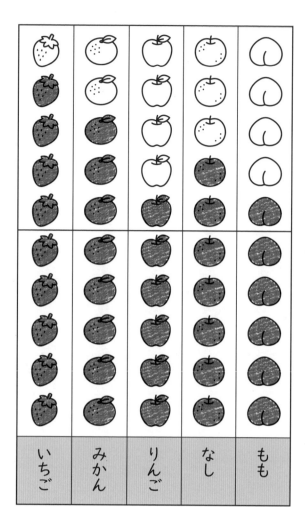

① いちばん おおい
くだものは なんですか。

② みかんは なんこ
ありますか。

☐ こ

③ 7こ ある くだものは
なんですか。

④ おなじ かずの くだものは どれと どれですか。

☐ と ☐

⑤ いちごは，ももより なんこ おおいですか。

☐ こ

かずの しらべかたが わかったね。

こたえ ▶ 86ページ

7 **20までの　かず**

月　日

とくてん

てん

1 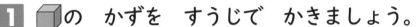 の　かずを　すうじで　かきましょう。

1つ4てん【20てん】

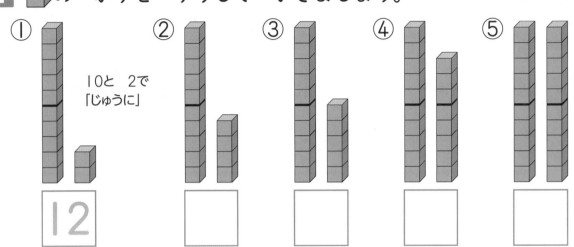

① 10と 2で 「じゅうに」

12

②

③

④

⑤

2 □に　あう　かずを　かきましょう。

1つ4てん【12てん】

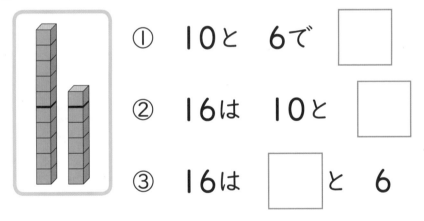

① 10と　6で □

② 16は　10と □

③ 16は □ と　6

3 □に　あう　かずを　かきましょう。

1つ4てん【12てん】

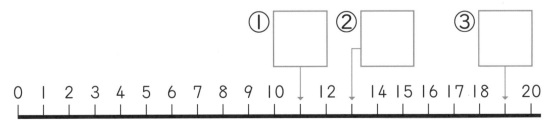

①　②　③

0 1 2 3 4 5 6 7 8 9 10 12 14 15 16 17 18 20

4 □に あう かずを かきましょう。 1つ4てん【16てん】

① 10と 5で □

② 10と 9で □

③ 14は 10と □

④ 17は □と 7

5 かずのせんを みて, □に あう かずを かきましょう。 1つ5てん【10てん】

0 1 2 3 4 5 6 7 8 9 10 11 12 13 14 15 16 17 18 19 20

① 10より 3 おおきい かずは □

② 19より 2 ちいさい かずは □

6 □に あう かずを かきましょう。 □1つ5てん【20てん】

① 10 11 □ 13 □ 15

② 20 □ 18 □ 16 15

7 おおきい ほうを ○で かこみましょう。 1つ5てん【10てん】

① 15 17

② 20 13

20までの かずが わかったね。

こたえ ▶ 86ページ

8 20までの　かずの　けいさん

1 たしざんを　しましょう。

1つ3てん【18てん】

① $10 + 4 = \boxed{}$

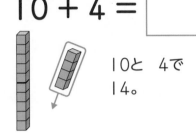

10と　4で
14。

② $11 + 3 = \boxed{}$

❶ 11は　10と　1。
❷ 1+3で　4。
❸ 10と　4で　14。

③ $10 + 7 = \boxed{}$

④ $13 + 2 = \boxed{}$

⑤ $10 + 3 = \boxed{}$

⑥ $14 + 5 = \boxed{}$

2 ひきざんを　しましょう。

1つ3てん【18てん】

① $13 - 3 = \boxed{}$

とる

$$13$$
$$10 \quad 3$$

② $15 - 2 = \boxed{}$

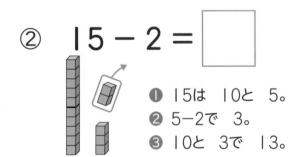

❶ 15は　10と　5。
❷ 5−2で　3。
❸ 10と　3で　13。

③ $12 - 2 = \boxed{}$

④ $12 - 1 = \boxed{}$

⑤ $15 - 5 = \boxed{}$

⑥ $17 - 2 = \boxed{}$

3 たしざんを しましょう。

①〜⑧1つ3てん，⑨，⑩1つ4てん【32てん】

① $10 + 1$

=も あすれずに
かいてね。

② $10 + 5$

③ $10 + 9$ ④ $10 + 6$

⑤ $12 + 2$ ⑥ $15 + 2$

⑦ $14 + 2$ ⑧ $13 + 4$

⑨ $12 + 6$ ⑩ $17 + 2$

4 ひきざんを しましょう。

①〜⑧1つ3てん，⑨，⑩1つ4てん【32てん】

① $14 - 4$ ② $11 - 1$

③ $17 - 7$ ④ $19 - 9$

⑤ $13 - 2$ ⑥ $15 - 3$

⑦ $17 - 3$ ⑧ $16 - 5$

⑨ $18 - 4$ ⑩ $19 - 6$

「10と いくつ」で けいさんできたね。

こたえ ▶ 87ページ

1 けいさんを しましょう。　　　　　　　　　　1つ2てん【10てん】

① 2+3+4=□

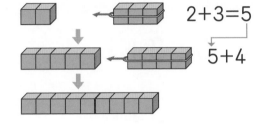

$2+3=5$

$5+4$

まえから じゅんに
けいさんするよ。

② 3+1+2=□

③ 2+2+4=□

④ 1+5+4=□

⑤ 5+5+1=□

2 けいさんを しましょう。　　　　　　　　　　1つ2てん【10てん】

① 8-3-2=□

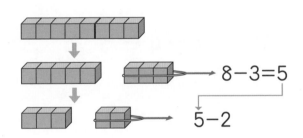

$8-3=5$

$5-2$

② 7-4-1=□

③ 12-2-4=□

④ 6-3+5=□

ひいたり たしたり
する ときも,
まえから じゅんに
けいさんするよ。

⑤ 1+8-5=□

21

3 けいさんを しましょう。 1つ4てん【32てん】

① $1+2+3$　　② $3+2+2$

③ $5+1+2$　　④ $2+4+1$

⑤ $6+3+1$　　⑥ $7+1+2$

⑦ $1+9+5$　　⑧ $3+7+8$

4 けいさんを しましょう。 1つ4てん【48てん】

① $6-1-3$　　② $9-2-1$

③ $10-3-5$　　④ $10-6-3$

⑤ $14-4-6$　　⑥ $18-8-1$

⑦ $8-4+1$　　⑧ $10-5+3$

⑨ $10-8+6$　　⑩ $2+7-6$

⑪ $5+5-9$　　⑫ $3+7-2$

＋と ーに きを つけて けいさんできたね。

こたえ ▶ 87ページ

10 大きさくらべ

さんすう

	月	日	10 ぷん ひょう
とくてん			
			てん

1 ⓐと ⓘでは，どちらが ながいですか。ながい ほうの
□に ○を かきましょう。

1つ10てん【20てん】

①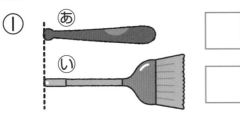

②

2 ⓐと ⓘでは，どちらに みずが おおく はいりますか。
□に ⓐ，ⓘで こたえましょう。

1つ10てん【20てん】

① 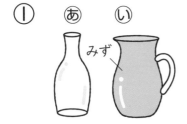 ⓘに いっぱいに
いれた みずを
ⓐに うつしました。

② 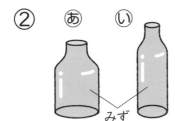 おなじ おおきさの
コップに みずを
うつしました。

3 ⓐと ⓘの タオルは どちらが ひろいですか。□に
ⓐ，ⓘで こたえましょう。

【10てん】

  はしを
そろえて
かさねます。

23

4 したの　えを　みて　こたえましょう。

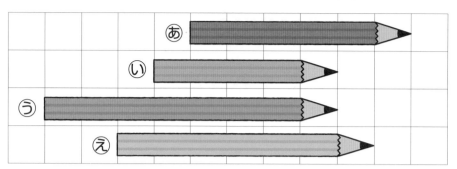

① いちばん　ながい　えんぴつは，あ，い，う，
えの　どれですか。

② うは　あより，ますめの　いくつぶん
ながいですか。

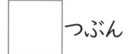つぶん

5 あと　いに　いっぱいに　いれた
みずを，おなじ　おおきさの
コップに　うつしました。みずが
おおく　はいるのは，あ，
いの　どちらですか。

【15てん】

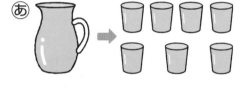

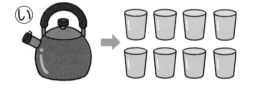

6 したのように，□に　いろを　ぬりました。いちばん
ひろく　ぬったのは，あ，い，うの　どれですか。

【15てん】

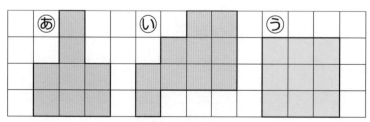

おおきさの　くらべかたが　わかったね。

こたえ ▶ 87ページ

11 くり上がりの ある たしざん

1 を みて, たしざんを しましょう。　1つ3てん【21てん】

① 9 + 2 = □

10を つくって
けいさんするよ。

9 + 2

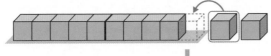

❶ 9は あと 1で 10。
❷ 2を 1と 1に わける。
❸ 9に 1を たして 10。
❹ 10と 1で 11。

② 9 + 4 = □

③ 8 + 5 = □

④ 7 + 4 = □

⑤ 8 + 6 = □

⑥ 3 + 9 = □

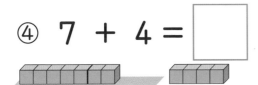

⑥は 9で, ⑦は 7で 10を
つくって けいさんしても よい。
【3+9の けいさんの しかた】

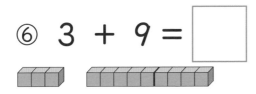

❶ 3を 2と 1に わける。
❷ 9に 1を たして 10。
❸ 10と 2で 12。

⑦ 4 + 7 = □

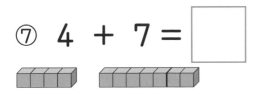

2 たしざんを しましょう。

①〜⑰1つ3てん, ⑱〜㉔1つ4てん【79てん】

① $8 + 3$

② $4 + 9$

③ $9 + 3$

④ $7 + 6$

⑤ $5 + 7$

⑥ $9 + 5$

⑦ $8 + 4$

⑧ $6 + 7$

⑨ $5 + 6$

⑩ $9 + 6$

⑪ $8 + 8$

⑫ $9 + 7$

⑬ $7 + 5$

⑭ $8 + 9$

⑮ $6 + 5$

⑯ $7 + 8$

⑰ $5 + 9$

⑱ $4 + 8$

⑲ $8 + 7$

⑳ $6 + 6$

㉑ $7 + 9$

㉒ $3 + 8$

㉓ $6 + 8$

㉔ $9 + 9$

10を つくって けいさんできたね。

こたえ ▶ 88ページ

12 くり下がりの　ある　ひきざん

1 🟦を　みて，ひきざんを　しましょう。　　　1つ3てん【21てん】

① 11 − 9 = □

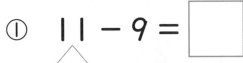

11の　中の　10から　9を
ひいて　けいさんするよ。

❶ 11は　10と　1。

❷ 10から　9を
　ひいて　1。

❸ 1と　1で　2。

② 14 − 9 = □

③ 13 − 8 = □

④ 12 − 7 = □

⑤ 11 − 8 = □

⑥ 12 − 3 = □

⑥, ⑦は，つぎのように　けいさん
しても　よい。
【12−3の　けいさんの　しかた】
3を　2と　1に　わけて　ひく。

❶12から　2を
　ひいて　10。

❷10から　1を
　ひいて　9。

⑦ 13 − 4 = □

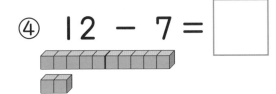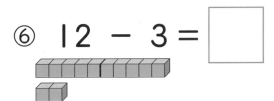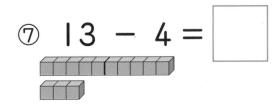

2 ひきざんを しましょう。

①〜⑰1つ3てん，⑱〜㉔1つ4てん【79てん】

① 15 − 9

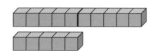

② 16 − 8

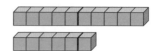

③ 11 − 7

④ 13 − 9

⑤ 12 − 5

⑥ 11 − 2

⑦ 15 − 7

⑧ 17 − 8

⑨ 11 − 5

⑩ 12 − 9

⑪ 15 − 6

⑫ 13 − 5

⑬ 12 − 8

⑭ 14 − 6

⑮ 13 − 7

⑯ 11 − 3

⑰ 17 − 9

⑱ 14 − 8

⑲ 11 − 4

⑳ 12 − 6

㉑ 18 − 9

㉒ 13 − 6

㉓ 12 − 4

㉔ 14 − 7

よく　かんがえて　けいさんできたね。

13 たしざんと ひきざんの 文しょうだい②

月　日　10ぷん
とくてん

てん

1 こうえんに 子どもが 9人, おとなが 3人 います。
みんなで なん人 いますか。

しき5てん, こたえ5てん【10てん】

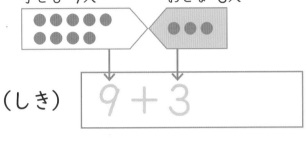

子ども 9人　　　おとな 3人

（しき）　9 ＋ 3

こたえ

2 水そうに めだかが 7ひき います。4ひき 入れると,
ぜんぶで なんびきに なりますか。

しき10てん, こたえ5てん【15てん】

はじめ 7ひき　　4ひき 入れる。

（しき）

こたえ

3 赤い かさと 青い かさが
あわせて 12本 あります。
赤い かさは 9本です。
青い かさは, なん本 ありますか。

しき10てん, こたえ5てん【15てん】

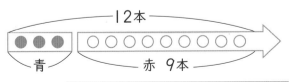

12本
青　赤 9本

（しき）

こたえ

4 バスに おきゃくさんが 6人 のって
いました。ていりゅうじょで 9人
のって きました。
　おきゃくさんは，ぜんぶで なん人に
なりましたか。

しき10てん，こたえ10てん【20てん】

（しき）

こたえ ＿＿＿＿＿＿＿＿＿＿

5 がようしが 15まい あります。8まい つかうと，
のこりは なんまいに なりますか。

しき10てん，こたえ10てん【20てん】

（しき）

こたえ ＿＿＿＿＿＿＿＿＿＿

6 ぼくじょうに，うしが 16とう，
うまが 9とう います。
　どちらが なんとう おおいですか。

しき10てん，こたえ10てん【20てん】

「かずの ちがい」は
ひきざんに なるね。

（しき）

こたえ ＿＿＿＿＿＿＿＿＿＿

しきと こたえを きちんと かけたかな？

こたえ ▶ 88ページ

14 大きな かず

1 □に かずを かきましょう。　　　□1つ5てん【15てん】

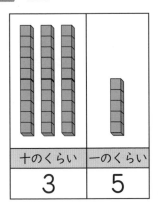

十のくらい	一のくらい
3	5

① 10が 3こと 1が 5こで

□ です。

② 35の 十のくらいの すうじは □ ,

一のくらいの すうじは □ です。

2 いくつ ありますか。すうじで かきましょう。　1つ5てん【10てん】

① 10 10 10 10 10 10　□

なん十かな。
なん十と
いくつかな。

② 10 10 10 10 10 10 10 ｜｜｜　□

3 □に かずを かきましょう。　　　1つ5てん【10てん】

①

10 10 10 10 10
10 10 10 10 10　100

10が 10こで **百**と いい,

□ と かきます。

② 100と 5で **ひゃくご**と いい, □ と かきます。

31

4 □に かずを かきましょう。

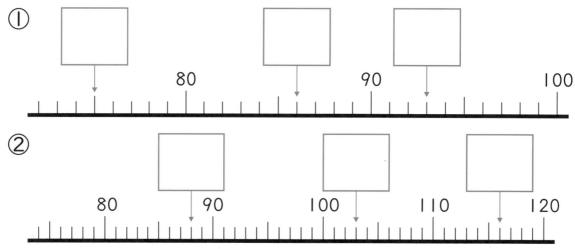

□1つ5てん【25てん】

① 10が 8こで 　□

② 10が 4こと 1が 8こで 　□

③ 57は, 10が 　□　こと, 1が 　□　こ

④ 十のくらいが 9, 一のくらいが 2の かずは 　□

5 かずのせんを みて, □に かずを かきましょう。

1つ5てん【30てん】

① □　　□　　□

80　　　　90　　　　100

② □　　　□　　　□

80　90　　100　110　120

6 大きい ほうを ○で かこみましょう。

1つ5てん【10てん】

① 79　76

② 99　102

大きな かずを よんで かけるように なったね。

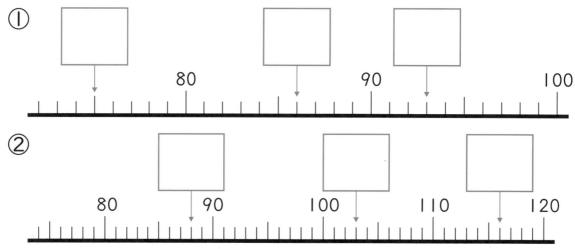

こたえ ▶ 88ページ

1 けいさんを しましょう。

1つ3てん【18てん】

① 30 + 20 = ☐

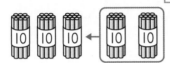

10の たばは, 3+2で
5こだから, 50。

② 50 − 30 = ☐

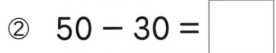
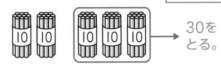

30を
とる。

10の たばは, 5−3で
2こだから, 20。

③ 40 + 30 = ☐   ④ 50 + 50 = ☐

⑤ 70 − 40 = ☐   ⑥ 100 − 60 = ☐

2 けいさんを しましょう。

1つ3てん【18てん】

① 25 + 4 = ☐
20   5
　❶ 5+4で 9。
　❷ 20と 9で 29。

② 25 − 2 = ☐
20   5
　❶ 5−2で 3。
　❷ 20と 3で 23。

③ 30 + 5 = ☐   ④ 51 + 8 = ☐

⑤ 36 − 6 = ☐   ⑥ 78 − 4 = ☐

3 けいさんを しましょう。　　　　　　　1つ3てん【24てん】

① 50 + 20　　　　② 30 + 40

③ 60 + 30　　　　④ 20 + 80

⑤ 60 − 40　　　　⑥ 90 − 10

⑦ 80 − 20　　　　⑧ 100 − 40

4 けいさんを しましょう。　①～⑧1つ3てん，⑨～⑫1つ4てん【40てん】

① 40 + 7　　　　② 60 + 2

③ 90 + 3　　　　④ 51 − 1

⑤ 85 − 5　　　　⑥ 79 − 9

⑦ 36 + 1　　　　⑧ 65 + 2

⑨ 42 + 6　　　　⑩ 57 − 2

⑪ 67 − 3　　　　⑫ 89 − 7

大きな かずの けいさんは ばっちりだね。

こたえ ▶ 89ページ

1 **とけいを　よみましょう。**

1つ7てん【49てん】

①

2じ32ふん

みじかい　はりで　なんじを　よみ，
ながい　はりで　なんぷんを　よみます。
★小さい　1めもりは　1ぷんです。

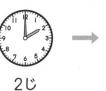

2じ　　　　2じ30ぷん　　　2じ30ぷんの
　　　　　（2じはん）　　　2ふん　さき
　　　　　　　　　　　　　　→2じ32ふん

②

③

④

⑤

⑥

⑦

35

2 つみ木の　かたちと　にて　いる　かたちを　――で
つなぎましょう。

1つ7てん【21てん】

 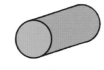

  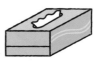

3 下の　つみ木の　そこの　かたちを　かみに　うつしました。
かけた　かたちを　○で　かこみましょう。

【9てん】

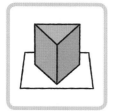

4 ①，②，③の　かたちは，あの　いろいたを　なんまい
つかうと　つくれますか。

1つ7てん【21てん】

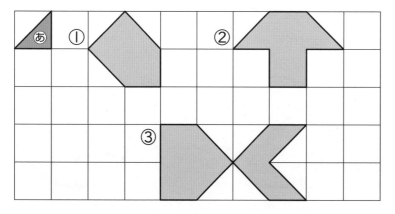

①　□　まい

②　□　まい

③　□　まい

 よく　がんばったね。えらいよ！

こたえ ▶ 89ページ

いろいろな　文しょうだい

1 子どもが　1れつに　ならんで　います。はるなさんは
まえから　8ばんめに　います。はるなさんの　うしろには
5人　います。みんなで　なん人　いますか。

しき5てん, こたえ5てん【10てん】

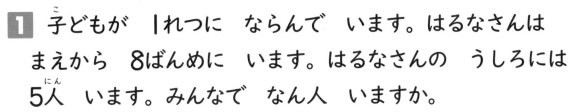

（しき）　8 ＋ 5　　　　　こたえ

2 あめが　14こ　あります。9人に　1こずつ　くばると，
なんこ　のこりますか。

しき10てん, こたえ5てん【15てん】

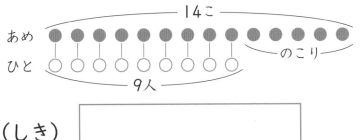

（しき）　　　　　　　　　　こたえ

3 え本が　7さつ　あります。ずかんは，え本より　6さつ
おおいそうです。ずかんは，なんさつ　ありますか。

しき10てん, こたえ5てん【15てん】

え本　●●●●●●●
7さつ
ずかん　○○○○○○○○○○○○○
6さつ　おおい

（しき）　　　　　　　　　　こたえ

4 子どもが 1れつに 15人 ならんで
います。ひろとさんは まえから 6ばんめ
です。ひろとさんの うしろには なん人
いますか。

しき10てん，こたえ10てん【20てん】

(しき)

●で ずを かいて
かんがえよう。

こたえ _____

5 8人に ジュースを 1本ずつ くばりました。ジュースは
まだ 4本 のこって います。ジュースは，ぜんぶで
なん本 ありましたか。

しき10てん，こたえ10てん【20てん】

(しき)

こたえ _____

6 どうぶつえんに，しまうまが 13とう
います。ライオンは，しまうまより
8とう すくないそうです。ライオンは，
なんとう いますか。

しき10てん，こたえ10てん【20てん】

(しき)

こたえ _____

よく かんがえて できたね。えらい！

こたえ ▶ 89ページ

ひらがなの ことば①

1 え を 見て、1字から 四字までの ひらがなの ことばを かきましょう。

1つ5てん【45てん】

① 1字の ことば

は				

② 二字の ことば

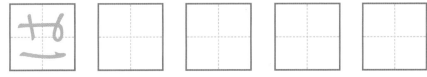

③ 三字の ことば

④ 四字の ことば

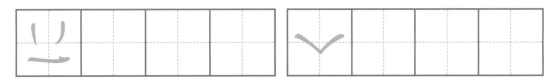

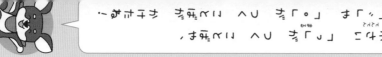

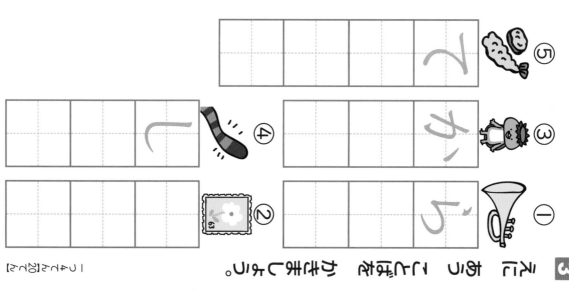

「ば」は「は」に てんてんを つけます。
「ぱ」は「は」に まるを つけます。

3 下の えに あう ことばを かきましょう。 [1もん20てん]

①

②

③

④

⑤

「ぱ」は「ば」に くらべて、くうきが はれつ するように はつおんします。

2 下の えに あう ことばを かきましょう。 [1もん20てん]

①

②

③

④

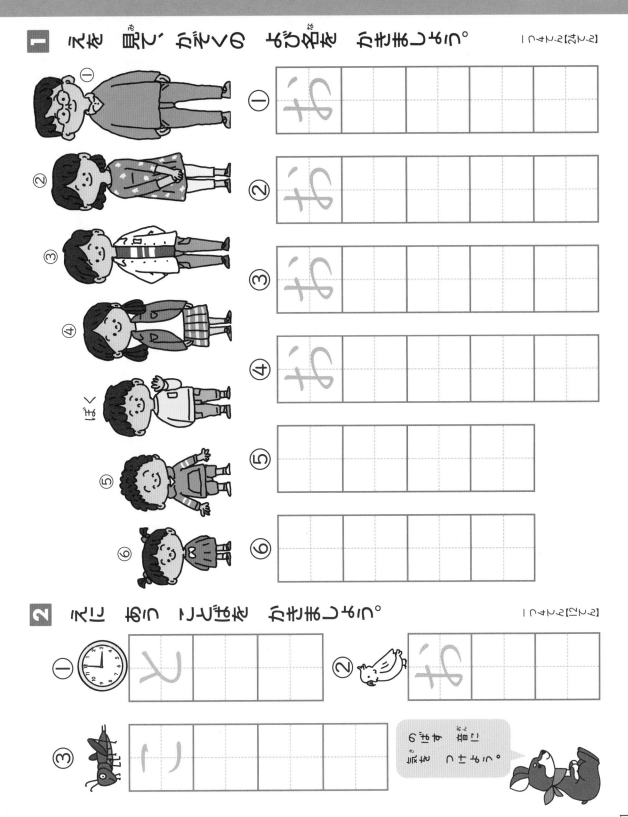

「ゃ・ゅ・ょ」は ます目の みぎうえに 小さく かくよ。

④
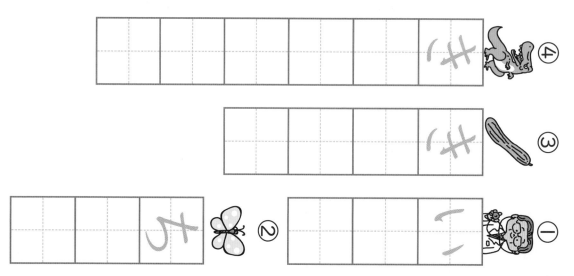

③

②

①

かきましょう。

【1もん 28てん】

4 つぎの 「ゃ・ゅ・ょ」の つく ことばを、□から えらんで かきましょう。

こ。

④ び　□　□　ち　□　し　を

【ゃ・ゅ・ょ】はます目のみぎうえに小さくかくよ。
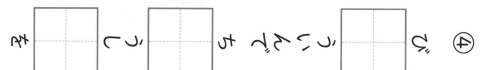

③ こうば　で　リ　□　り　ごはんを　たべます。
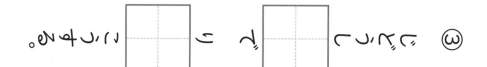

② ひ　□　の　し　□　ほ。
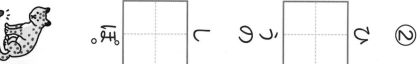

① でん　□　の　き　□　□　ぷ。

かきましょう。

【1もん 30てん】

3 えを 見て、□に 「ゃ・ゅ・ょ」の つく ことばを かきましょう。

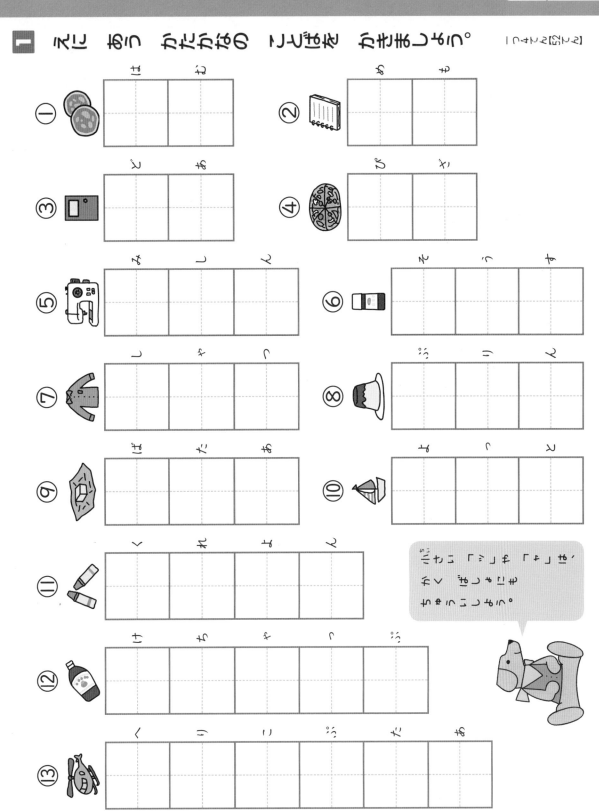

2 えに あう ことばを、かたかなで 正しく かいて いる ほうに、○を つけましょう。

〔1つ4てん〔12てん〕〕

①

ア（ ）スプーン
イ（ ）スプーン

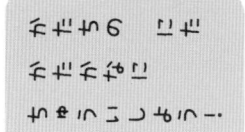
かたちの にた かたかなに ちゅういしよう！

② ア（ ）カンガルー
イ（ ）カンガルー

③ ア（ ）バケツ
イ（ ）バケツ

3 えに あう かたかなの ことばを、正しく かきなおしましょう。

〔1つ6てん〔36てん〕〕

① スウプ ➡

② コアラ ➡

③ カレンダア ➡

④ チヨコレエト ➡

こたえ ◯ 90ページ

かたかなの ことばが じょうずに かけられたね！

1 つぎの ものと おなじ なかまの ものを、——せんで つなぎましょう。

1つ4てん[12てん]

① みかん 　・

② うさぎ 　・

③ タクシー 　・

・ぼうし

・足（あし）

・せんろ

・バス

・いす

・きつね

2 つぎの おみせで うって いる ものを、□から えらんで かきましょう。

1つ5てん[30てん]

① 花（はな）やさん

（　　　）・（　　　）　（　　　）・（　　　）

② ようふくやさん

（　　　）・（　　　）　（　　　）・（　　　）

まくら　ばら　メロン　スカート　コスモス
ズボン　きく　ひまわり　たんす　セーター

45

② か゛

（　　）

（　は゛　）（　　）

① と
りんご

（　か゛　）（　　）

（　は　）（　　）

▲ちいさく かく じ ▲こ に てんてんを つけて

③ え を 見て、（　）に 「こ」に かく てんてんを つけて、「こ」の 名前を □ に はっきり かきましょう。　【１もん（　）てん・ぜんぶできて10てん】

④ さ・い・か・ば・れ・ん　→　（　　　　）

③ せ・み・は゛・た・あ・り・ちま゛り　→　（　　　　）

② り・ぴ゛ん・と・ン・ナ・ン　→　（　　　　）

① ね・た・に・ん・き・と・じ・ん・す　→　（　　　　）

3 つぎの ことばを ただしく ならべて（　）に かきましょう。　【１もん 20てん】

5 だれ（なに）が どう する

1 上と 下の ことばを ——せんで つないで 文を つくりましょう。

1つ5てん[25てん]

① いけが ・ ・とぶ。

② くじらが ・ ・なく。

③ 花が ・ ・ある。

④ 子犬が ・ ・ほえる。

⑤ 小とりが ・ ・およぐ。

——せんで つないだら もんで みて、「なにが どうする」か、たしかめてね。

2 えを 見て、□に あう ことばを、□から えらんで かきましょう。

1つ5てん[15てん]

① でん車が ［　　　　　　　　］。

② けいほうきが ［　　　　　　　　］。

③ ［　　　　　　］が とまる。

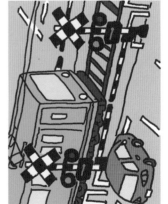

ひかって　じどう車　なる　のる　はしる

47

「なに（は）」が「する」の 文が かけたね！

4 えを 見て、□には ことばを、□には かん字を かきましょう。

1つ4てん【36てん】

① □が □を □。

② □が □を □。

③ □が □を □。

3 □の ことばを ならべかえて、「なに（は）」が 「どう する」の 文を □に つくりましょう。

1つ4てん【24てん】

きつね　ねこ　りす　はしる　ねむる　なく

① □が □。

② □が □。

③ □が □。

48

6 「は」「を」「へ」の「つかいかた」／正しい　文を　つくる

もくひょう 10ぷん
月　日
とくてん　てん

1 正しい　ほうの　字を　○で　かこみましょう。

1つ5てん[8てん]

① わたし { は / わ } 一年生です。

② かみ { お / を } きる。

③ デパート { え / へ } いく。

2 つぎの　文の　□に、「わ・は・お・を・え・へ」の　どれかを　かきましょう。

1つ2てん[20てん]

① □□りがみ□ おる。

② □□き□ いく。

③ □たし□、□ねえさん□

おかえに　こう□ん□

いきました。

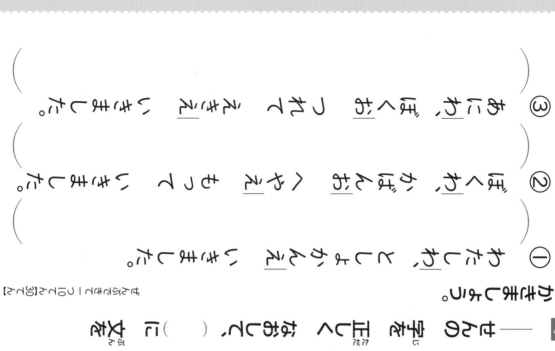

3 えを　見て、〇に　〇〇や　□に　あう　ことばを　かきましょう。（□に　あてはまる　ことばを　えらびましょう。）

[1てん×32もん]

① 犬（いぬ）が　ねこ〇　〇　おう。

② でんしゃ（車）〇　きえ〇　ました。

③ いえ〇〇　学校（がっこう）〇〇　あるく。

④ おみせ〇　やさい〇　かう。

に　を　が　で　ます　から

4 ──せんの　字を　正しく　なおして　（　）に　文を　かきましょう。

[1つ20てん]

① わたしは、としかんで　えほんを　よんでいました。

（　）

② ぼくは、かばんを　もって　でかけて　いきました。

（　）

③ おにいさんは、ほんを　よんで　こたえて　いました。

（　）

ヒントに　かんがえましょう！

50

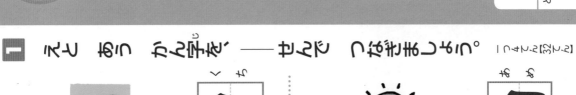

こくご

7 かん字の なりたち

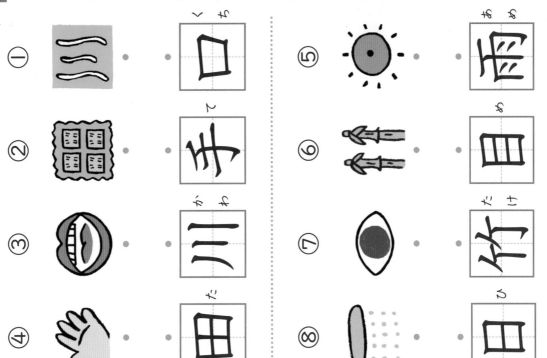

1 えと あう かん字を、——せんで つなぎましょう。 一つ4てん【32てん】

① 口(くち)
② 手(て)
③ 川(かわ)
④ 田(た)
⑤ 雨(あめ)
⑥ 目(め)
⑦ 竹(たけ)
⑧ 日(ひ)

2 かん字が できた じゅんに なるように、——せんで つなぎましょう。

ぜんぶできて 一つ8てん【24てん】

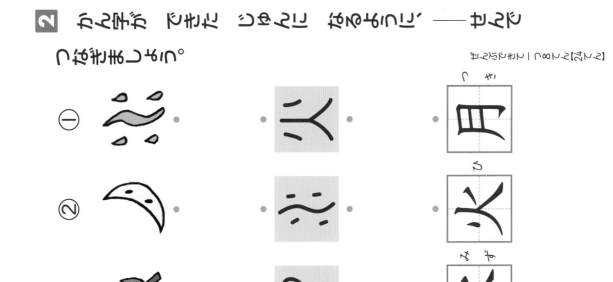

① 火(ひ)
② 月(つき)
③ 水(みず)

51

こたえ ▶ 92ページ

ここは□ばんめの かこうに はいる かん字が はいるよ！

4 □に かん字を かきましょう。 　［1つ4てん/20てん］

⑤ □が あします。

③ □が しだ。

① た□ほの いね。

④ □がねこ。

② □を のむ。

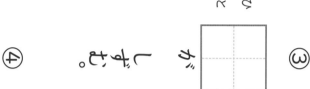
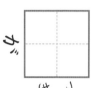
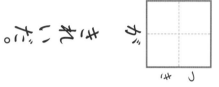

3 ——せんの かんじの よみがなを かきましょう。 　［1つ3てん/24てん］

① 手を あげる。
（　　　）

② 目を とじる。
（　　　）

③ 川で およぐ。
（　　　）

④ 山に のぼる。
（　　　）

⑤ 雨が ふる。
（　　　）

⑥ 耳を すます。
（　　　）

⑦ ベッドの 上。
（　　　）

⑧ やねの 下。
（　　　）

8 かん字の よみかた かきかた

1 ——せんの かん字の よみがなを かきましょう。 1もん5てん〔30てん〕

① 大きな 虫が 車に 入る。
（　　　　　）（　　　　　）

② かぶと虫は、こん虫です。
（　　　　　）（　　　　　）

③ ふじ山は、とても たかい 山です。
（　　　　　）（　　　　　）

④ 花だんに きれいな 花が さく。
（　　　　　）（　　　　　）

⑤ おじさんは、となり町の 町長さんです。
（　　　　　）（　　　　　）

2 ——せんの 日づけの よみかたを かきましょう。 1もん5てん〔20てん〕

① 一月一日
（　　　　　）

② 二月二日
（　　　　　）

③ 三月三日
（　　　　　）

④ 四月二十日
（　　　　　）

④ □に なまえの かん字を かきましょう。　1もん4てん[36てん]

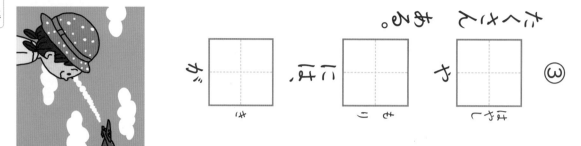

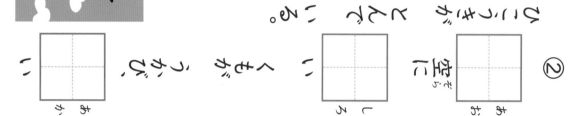

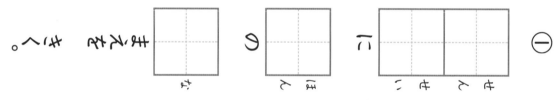

③ □の かん字を □に かきましょう。　1もん4てん[24てん]

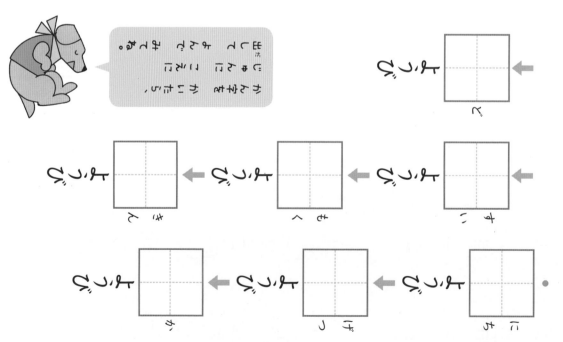

54

1 おなじ よみかたの かん字を □に かきましょう。 1つ3てん[30てん]

①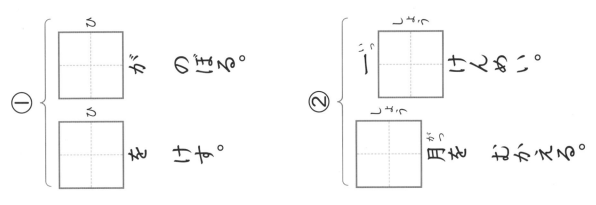
（ひ）□が のぼる。
（ひ）□を つける。

② （しゅう）一□けんご。
（しゅう）月□を むかえる。

③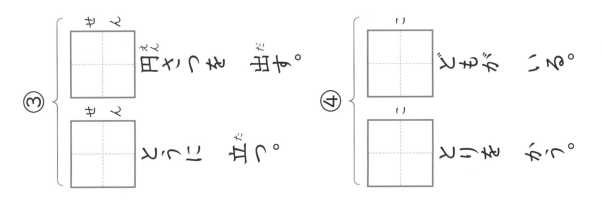
（せん）□円えんさつを 出だす。
（せん）□どうに 立たつ。

④ （こ）□どもが いる。
（こ）□とりを かう。

⑤
（き）□を うえる。
（き）□もちを つたえる。

かん字の いみを かんがえて かこう。

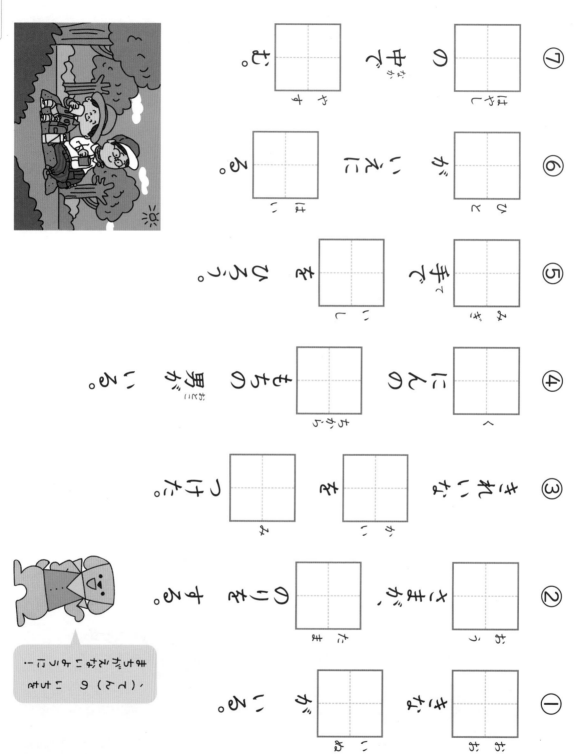

2 □に 入る かん字を ［□に 気を つけて、］□に かん字を かきましょう。

［かん字］［ひらがな］

① おおきな □が □。

② おお、□が、□の こえを する。

③ きれいな □を □つけた。

④ にんの □ちの おとこが □。

⑤ みぎ手で □を ひろう。

⑥ ひとが □いえに いる。

⑦ はしの 中で およぐ。

・「カ(かく)の ことは まちがえやすいよ！」

56

⑩ ものがたりの　よみとり①

こくご

1 つぎの 文しょうを よんで、もんだいに こたえましょう。[50てん]

「この もんだいの こたえが わかる 人は いますか。」

と、先生が いいました。

みかは はずかしくて、手を あげる ことが できません。その とき、先生と 目が あいました。「では、みかさん。」と、先生は みかを さしました。みかは どきどきしながら、こたえました。

「みかさん、よく できました ね。」

と、先生が □ くれたので、みかは うれしく なりました。

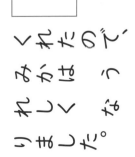

(文・倉本有加)

① みかが 手を あげる ことが できないのは、なぜですか。(20てん)

・（　　　　　　　　　）から。

② 先生が みかを さした とき、みかは どんな 気もちでしたか。(20てん)

・（　　　　　　　　　）
する 気もち。

③ □に あてはまる ことばに ○を つけましょう。(10てん)

ア（　）しかって

イ（　）ゆるして

ウ（　）ほめて

2 つぎの 文しょうを よんで、もんだいに こたえましょう。

（文・絵　未加）

およそ 四〇〇年まえ、おゆみの 父おやは、おおきな おてらの おぼうさんでした。

「おゆみや、きれいな お月さまだねえ。」

父おやが、さそってくれたので、おゆみは、へやの 花びんに そえてあった すすきを もって、お月見の ばしょへ、いそいで でかけました。

「おや、おゆみ、そのすすきを どうするのだい。」

「おとうさま、お月さまに すすきを そなえます。」

おゆみは、そういって すすきを おいて、お月見を はじめました。

そのころ、お月見を するのは、おとなだけでした。こどもは、がっこうで おそわった とおり、お月さまに おそなえを すると いうので、おゆみは、がっこうで ならった とおり、お月さまに すすきを そなえながら、おぼんに のせた 見えるように 見るように。

① おゆみの 父おやは、どんな しごとを していましたか。[50てん]

（　　　　　　　　　　　）

② おゆみは、お月見を するとき、なにを もっていきましたか。[20てん]

（　　　　　　　　　　　）を

（　　　　　　　　　　　）で
もっていきました。

③ ○を つけて こたえましょう。[15てん]
ア（　　）お月さまを 見ている。
イ（　　）お月さまに おそなえをしている。
ウ（　　）おゆみは、なにを していますか。

1 つぎの　文しょうを　よんで、もんだいに　こたえましょう。〔50てん〕

> にくを　くわえた　からす
> が、木に　とまって　いまし
> た。
> そこへ、きつねが　やっ
> て　きて、「からすさん、す
> がたも　こえも　いちばん
> うつくしい　とりの　女王
> に　なれますよ。」
> からすは、すばらしい
> □を　きかせて　やろうと、
> 「カアー。」と、大きな
> 口を　あけて　なきました。
> とたんに、くわえて　い
> た　にくが　木の　下に
> おちて　しまいました。
> きつねは　にくを　ひろっ
> て、にげだしました。
> （イソップより）

① だれが　なにを　く
わえて　いましたか。〔一つ10てん(20てん)〕

・（　　　　　　　）が、

（　　　　　　　）を
くわえて　いた。

② □に　入る　こと
ばを、二字で　かき出
しましょう。〔15てん〕

[かきこみらん]

③ ——せんの　ように
なったのは　なぜですか。
〇を　つけましょう。〔15てん〕

ア（　）つよい　かぜが
　　　ふいたから。

イ（　）からすが　口を
　　　あけたから。

ウ（　）木の　えだが
　　　おれたから。

59

いろいろな どうぶつの 気もちが みえたね！

（文・香山彩子）

したを ながめました。

たまごは、はじめに あらわれた どうぐを くらべて 大きすぎて、たべられなかったので、「わたしを 見上げて ごらん。」と

わたしを 見上げて ごらん、わたしを 見上げて ごらん。わたしを 見上げて ごらんと いわれても、どうぐを つかって たまごを わって みましたが、どうぐでは、たまごを わることが できませんでした。

どうぐを つかっても、たまごを われなかったので、どうぐを おいて、そらへ とびだして とびまわりました。

つぎの 文しょうを よんで、もんだいに こたえましょう。[50てん]

① はちは、どんな どうぐを つかって、たまごを □□□□□ でしょう。

② （　　　　　　　　　　）ですか。[10てん]

③ 見上げました── と しられたに、どうぐを（　　　　　　　　　）[10てん]

④ はちが あらわれたのは、どうぐを さがしだす気もちとなんのために。[15てん]

□□□□（たまご）を

こくご

12

せつめい文の　よみとり①

もくひょう
10ぷん

月　日
とくてん

てん

1 つぎの 文しょうを よんで、もんだいに こたえましょう。〔50てん〕

　はりねずみの せなかには、はりが たくさん あります。

　はりねずみは、どのように して みを まもっているのでしょうか。

　はりねずみは、てきが からだに おそって くると、からだを ボールのように まるめて とげを さか立てます。やわらかい おなかを かくして まもるのです。

　とげは ちくちくして いたいので、てきは うまく つかまえる ことが できません。

　こうして、じっと した まま てきが あきらめる のを まつのです。

(市村均「てきから みを まもる ちえ」『教科書に でてくる 生きものをくらべよう』〈学研プラス〉より)

① はりねずみは、てきが おそって きた とき、からだを どう しますか。（20てん）

・（　　　　　　）のように まるめる。

② なぜ、てきは はりねずみを つかまえる ことが できないので すか。（20てん）

・[　　　　｜　　　　] が いたい ため。

③ はりねずみの とげは、なんの ために あるのですか。○を つけましょう。（10てん）

ア（　）川を およぐ ため。

イ（　）みを まもる ため。

ウ（　）木に のぼる ため。

1 つぎの 文しょうを よんで、もんだいに こたえましょう。〔50てん〕

　「つばめは、人の いえの のき下などに すを つくります。
　どうして のき下などに すを つくるのでしょう。それは ⑦その ばしょが あんぜんだからです。
　人の いえは、雨かぜに つよく、さらに つばめの てきで ある からすなどが 人を おそれる ことも すくないのです。
　つばめは、①それを しって いるので、人の いえの のき下などに すを つくるのです。

① どんな ことを たずねて いますか。一つ10てん(20てん)

・（　　　　　　）は、なぜ いえの のき下などに（　　　　　）を つくるのか。

② 「⑦その ばしょ」とは、どこですか。 (15てん)

・いえの

		など。

③ 「①それ」に あう ほうに ○を つけましょう。 (15てん)

ア（　）人の いえは、
　　あんぜんな こと。

イ（　）人の いえは、
　　だしい こと。

「ねむり」「ねむる」は、「……ます」「……たい」などに つづくときは、「ねむっ」に なります。

2 つぎの 文しょうを よんで、あとの といに こたえましょう。〔50てん〕

木は、ねむるのでしょうか。ねむるとしたら、どのように ねむるのでしょう。

木にも、ねむる ときと おきている ときが あると かんがえる 人が います。

たとえば、ひるまの あかるい ときには、木は はを ひろげて、いっぱいに 日の ひかりを うけて、よう分を つくり出します。ねる ときには、はを とじます。

ねている ときには、木は ゆっくり 休んでいるのです。

木の ねむりを しらべると、えだや はが 少し さがって 見えるそうです。いちばん よく さがるのは、先の ほうの わかい はです。

先が よく さがるのは、先の はが わかくて、よく はたらいていた からだと かんがえられています。

③ ねには、だぶん
（　　　　）ねみや すめを
（　　　　）に（　　　　）の ほる
のを ねむしだしと ます。〔15てん〕

② ねに、こんは、だから
だんは、こんは、どかと
すまに、こまとか
ねみや すめを
いるから。〔100・20てん〕

・（　　　　）ねみや すめを
・（　　　　）に（　　　　）の ほる

① だれは、どのしくみが、見る
ねいは、こうは、なにについ
だいは、なぜに見ます。
（　　　　）〔15てん〕

1 つぎの 文しょうを よんで、もんだいに こたえましょう。[50てん]

　おおばこは、のはらや みちばたなどで、よく みられる草です。

　おおばこは、はるから あきに かけて きを のばします。この くきは とても じょうぶで、ひっぱっても なかなか きれません。

　この くきを つかった あそびが あります。二本の おおばこを あつめて ひっぱりあって、おおばこが 先に きれた ほうが まけです。なるべく ふとい くきを つかうと まけにくく なります。

① おおばこは、どこで 見られる草ですか。
一つ10てん(20てん)

・（　　　　　　　　）や

・（　　　　　　　　）など。

② おおばこずもうは どんな あそびですか。
一つ10てん(20てん)

・二本の おおばこを あつめて

（　　　　　　　　）て、

（　　　　　　　　）ほうが

まけると いう あそび。

③ どんな くきを つかうと まけにくく なりますか。
(10てん)

・（　　　　　　　　）くき。

けんこうで やさしい まごに なりたいな!

2 つぎの 文しょうを よんで、あとの もんだいに こたえましょう。[50てん]

いちねんの 十二月から 十月に かわる ときは、あき・ふゆの 入れかえと いいます。

十月の いちにちや 一日を しょうがくせいの へびの あきと いいます。いろの へびが あります。

いちもが ゆびの なかの へびの なまえを へびと いいます。いろの へびが あります。

六月の 四日の 日本の あき・ふゆの 六月に かわる ときは、へびく・しょう・しの 六月の 学校が あります。

いちから へびが ゆびの なかの へびの へびく のへびです。

---

①十月 ⑦六月 の へびく

つぎの 文しょうを 一| かんせいさせましょう。[20てん]

①十月	⑦六月
( )の へびく。	( )の へびく。
( )の へびら	( )の へびら

③ ( )に あてはまる ことばを、文しょうの なかから かきぬきましょう。[20てん]

[   ]

② ゆびの なかの へびの ことを、なんと いって いますか。[10てん]

(   )

① なつの ちゅうの へびの なまえを、文しょうの ことばで かきぬきましょう。[50てん]

1 つぎの しを よんで、もんだいに こたえましょう。 [50てん]

みずたまりの くんしょう

はなわ たえこ

みずたまりに
こいしを なげた
ぽちゃーんと いって
くんしょうだ

みずたまりの
くんしょうが わらった
ぶぶぶと まるい
わが できた

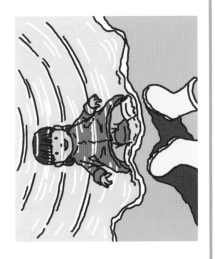

(はなわたえこ「みずたまりのくんしょう」〈銀の鈴社〉より)

① みずたまりに なげた ものは、なんですか。(10てん)

(　　　　　)

② みずたまりの くんしょうに あう ものに、○を つけましょう。(10てん)

ア（ 　 ）ぽちゃーん
イ（ 　 ）ぽちゃーん
ウ（ 　 ）ぽちゃーん

③ まるい わが できた のは、なにが どう した ときですか。(1つ15てん)(30てん)

・みずたまりの

(　　　　　)が、

ぶぶぶと

(　　　　　)とき。

67

2　つぎの しを よんで、もんだいに こたえましょう。　[50てん]

（武鹿悦子「木は」〈同〉正版社〈こくご〉より）

かにこぶ

木は　てくてく　まばたく ように
⑦きのう　あつくて
⑦きみどり　むつごぶ

あした　あつくて
①きみどり　むつごぶ
ひとりきりで　てくてく
もらって くれた

武鹿悦子
たけしか えつこ

① ──木は なにかの ように
⑦の ように、なにを して いるようですか。　[15てん]

②──① の ように、木は なにを
⑦の ように して いますか。　[20てん]

	を

③ この しは いつの ようすを
あらわして いますか。
つぎから えらんで ◯を
つけましょう。　[15てん]

ア（　）木が めを だして
きが ぐんぐん
のびて いく。

イ（　）木が ぐんぐん
のびて きが
ぐんぐん のびて
いきます。

ウ（　）木が ぐんぐん
のびて いく
ようす。

1 つぎの 文には、まる(。)と てん(、)が ぬけて います。それぞれ 一つずつ つけて、( )に 正しい 文を かきましょう。

1つ5てん[20てん]

① ぼくの いえには 犬が います

(　　　　　　　　　　　　　　　　　　　　　)

② とつぜん おとうとが なき出しました

(　　　　　　　　　　　　　　　　　　　　　)

2 つぎの さく文の □には、まる(。)か てん(、)の どちらかを つけ、□には、えの 中の はなした ことばを、かぎ(「」)を つかって かきましょう。

1つ5てん[35てん]

わたしは おかあさんに □

と□ 手がみを わたしました□

と□ おかあさんは いいました□

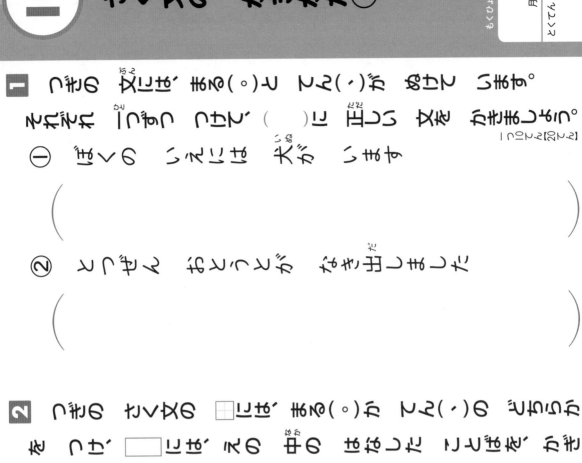

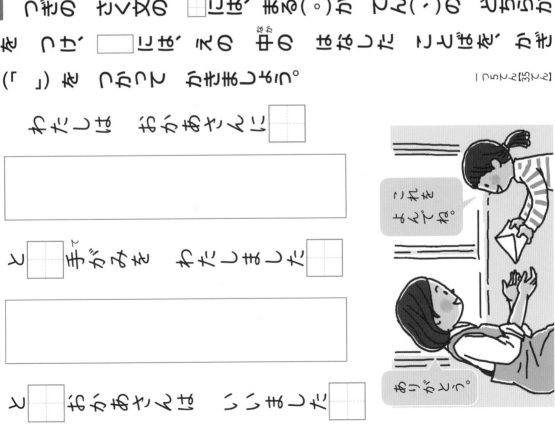

③ つぎの 文しょうの □に、まる（。）てん（、）や かぎ「 」が かくれて います。正しく つけると、なおして ぜんぶ 書きましょう。

［1もん12てん］
［ぜんぶできて24てん］

まる（。）・てん（、）・かぎ（「 」）は □ に 一つずつ 入ります。

まる（。）や てん（、）、
かぎ（「 」）は
一つの ますに
一ます つかって
書きます。
かぎ（「 」）も
わすれずに。

と	し	ま	の	き
さ	た	で	ほっ	き	よ
や	お	も	い	へ	り
け	た	わ	く	の	は
し	で	こ	が	し	て
た				

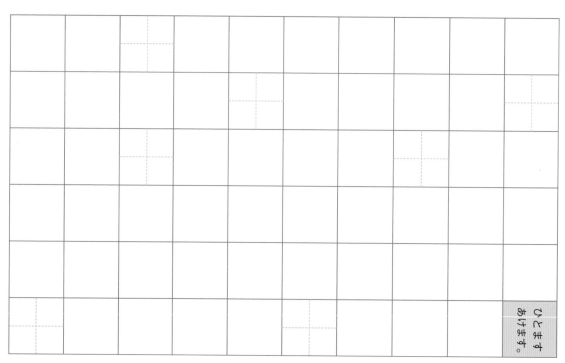

ひとます あけます。

こたえ ● 94ページ

まる（。）・てん（、）・かぎ（「 」）で ただしく 書けるかな。

10ぷん
もくひょう
月　日
とくてん
てん

1 「えん足の ようす」の えと 文から（　）に あてはまる ことばを かきましょう。

1つ5てん【40てん】

ものう、（なに　　）が ありました。

（いつ　）に、（どこ　）を 出ぱつしました。

（いつ　）に、（どこ　）に

つきました。みんなで、（なに　　）を

しました。十三（じゅうさん）からまで とくました。

（いつ　）に なり、（なに　　）を

たべました。とても おいしかったです。

また、えん足に いきたいなと おもいました。

えん足の ようす

文しょうが なんだんに わかれて いるか な。

2 ①と②の えを 見て、（ ）に あてはまる ことばを かきましょう。
〔一つ5〔てん〕

①
（ こ ）に、ぼうしを たくさん ならべました。

なつ休みの こうえん

わたしと おねえちゃんは、みんなの ぶんの
（ な ）を
おちゃと おかしを よういしました。

ぼくは、ともだちの
（ こ ）へ とびだして
いきました。

②
ぼくは、こうていへ とびだして
いきました。

おにいちゃんは、（ な ）を
とりました。

とんぼの 虫が いました。

こうえんには、とんぼや ばったなど、
いろいろな 虫が
いました。

わたしと おにいちゃんは、こうえんへ
（ こ ）を
つかまえました。ぼくは、

おにいちゃんは、（ た ）を
とりました。

わたしは、ぼうしの なかへ
とびだして いきました。

学校を たんけんしよう

月 日 10 ぶん

とくてん

てん

1 学校を たんけんしました。それぞれの へやは なんと いう へやですか。（　　）に 名まえを かきましょう。　1つ5てん【30てん】

① ② ③

（　　　　　　　）（　　　　　　　）（　　　　　　　）

④ ⑤ ⑥

（　　　　　　　）（　　　　　　　）（　　　　　　　）

☆ ほかに 見つけた へやが あったら かきましょう。

2 校ていで 草花や 虫を 見つけました。それぞれの 名まえを
（　）に かきましょう。

①  ② ③

（　　　　　　）（　　　　　　）（　　　　　　　　）

3 学校の 中の ようすです。下の えの ようすが 正しい
ときは ○を，まちがって いる ときは ×を，□に
つけましょう。

1つ10【40てん】

① □　ろうかを はしる。

② □　あいさつを する。

③ □　ろうかで 大きな
こえで はなす。

④ □　入っては いけない
ところに 入る。

学校の 中が あかったかな？

74

2 花を　そだてよう

1 えの　たねは，なんの　花の　たねですか。名まえを　☐から
えらんで，（　　）に　かきましょう。

1つ5てん【15てん】

①

②

③

（　　　　　　　　）（　　　　　　　　　）（　　　　　　　　　）

ホウセンカ　　アサガオ　　ヒマワリ　　マリーゴールド

2 アサガオの　たねまきの　じゅんに，つぎの　文の　（　　）に
ばんごうを　かきましょう。

【30てん】

あ　水を　やる。　　　　い　うえきばちに　　　う　たねの　上に
　　　　　　　　　　　　　土を　入れる。　　　土を　かける。

（　　　　）　　　　　（　　　　）　　　　　（　　　　）

え　あなに　たねを　　　お　土に　あなを
　入れる。　　　　　　　　あける。

　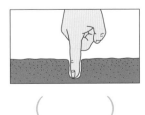

（　　　　）　　　　　（　　　　）

3 アサガオが そだつ じゅんに，（ ）に ばんごうを
かきましょう。 【20てん】

あ （ ） い （ ） う （ ） え （ ）

4 アサガオが そだって きたら，どんな せわを しますか。
つぎから 正しい ものを ２つ えらんで，（ ）に ○を
つけましょう。 1つ10てん【20てん】

① （ ） 1日に 1～2かい 水を やる。

② （ ） はが 出て きたら 小さいうちに とる。

③ （ ） はが 5～6まいに なったら，ささえの
ぼうを，アサガオの ちかくに 立てる。

④ （ ） 水は 花が さくまで やらない。

5 校ていの 花だんで いろいろな 花が 見られました。名まえ
を □から えらんで，（ ）に かきましょう。 1つ5てん【15てん】

① ② ③

（ ） （ ） （ ）

アジサイ　　　ヒャクニチソウ　　　ヒマワリ

アサガオを そだてて みよう。

こたえ ▶ 95ページ

1 そとで あそぶ とき，どんな ことに 気を つけますか。
下の 文の （　　）に，あてはまる ことばを 右下の ▢から
えらんで かきましょう。

1つ10てん【50てん】

〈こうえんで〉

① 　② 　③

① こうえんの 花や 木を （　　　　　　　　）。

② （　　　　　　　）で どこかに いかない。

③ （　　　　　　　）を まもって なかよく あそぶ。

〈どうろでは〉

④ 　⑤

| 一人 |
| 入らない |
| おらない |
| 車 |
| じゅんばん |

④ 入っては いけない ところには
　（　　　　　　　　）。

⑤ （　　　　　　　　）に 気を つける。

2 えは なつの ようすです。どんな ことに 気を つけたら
よいですか。〔　〕の 中から 正しい ことばを えらんで,
○で かこみましょう。

1つ10てん【50てん】

①

あさ げんきに ラジオたいそうを
して います。いきかえりの
みちでは 〔 車　 雨 〕に
ちゅうい します。

②

こうえんで セミを とりました。
こうえんには 入っては 〔 よい
いけない 〕ところが あるので,
気を つけます。

③

かぞくで うみに いきました。
〔 あんぜんな　 きけんな 〕
ところには ちかづいては
いけません。

④

花火を する ときは バケツに
〔 水　 草 〕を 入れ,
〔 ともだちだけ　 おとな 〕と
いっしょに やります。

あんぜんに げんきに あそぼうね。

こたえ ▶ 95ページ

**4　たねとりを　しよう，
生きものを　見つけよう**

1 いろいろな　花の　たねが　とれました。たねと　あう　花を
せんで　むすびましょう。

1つ5てん【20てん】

① ホウセンカ　② ヒマワリ　③ マリーゴールド　④ アサガオ

・　　　　・　　　　・　　　　・

・　　　　・　　　　・　　　　・

あ　　　　い　　　　う　　　　え

2 とれた　ヒマワリの　たねを　かぞえて　います。どのように
して　かぞえたら　よいですか。かぞえやすい　ほうの　（　　）
に　〇を　つけましょう。

【8てん】

① （　　　）　たねを　10つぶずつ
　　　　　　　わけてから，10この
　　　　　　　山が　いくつで　1つぶ
　　　　　　　が　いくつと　かぞえる。

② （　　　）　1つぶずつ　かぞえる。

3 こうえんや のはらで 見つけた 虫です。（　）に 名まえ
を かきましょう。

1つ8てん【48てん】

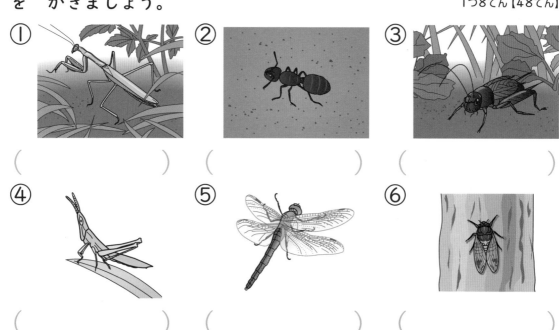

① （　　　　　） ② （　　　　　） ③ （　　　　　）

④ （　　　　　） ⑤ （　　　　　） ⑥ （　　　　　）

4 あきに なると はの いろが かわって きます。1つ8てん【24てん】

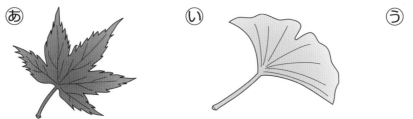 

① あ，いは，それぞれ イチョウ，カエデ，マツの どの
はですか。　　あ（　　　　　）　　い（　　　　　）

② うの サクラの はは，ふゆに なっても えだに ついて
いますか。　　　　　　　　　（　　　　　）

そだてた アサガオの たねも とろうね。

こたえ ▶ 95ページ

かぞく　大すき

1　あなたが　おうちの　人たちと　いっしょに　した　ことが
あったら，□に　○を　つけましょう。　　　　　【40てん】

① □　しょくじの
　　　よういを　した。

② □　いえの　そうじを
　　　した。

③ □　おいわいを　した。

④ □　かいものに
　　　出かけた。

☆　この　ほかに　した　ことが　あったら　かきましょう。

81

2 下の えは, どんな お手つだいを して いますか。〔　〕
から ことばを えらんで, （　）に かきましょう。また,
あなたが して いる お手つだいの □に ○を つけましょう。

【60てん】

① （　　　　　）　② （　　　　　）　③ （　　　　　）

④ （　　　　　）　⑤ （　　　　　）　⑥ （　　　　　）

〔　しょっきあらい　　　おふろの　そうじ　　　しんぶんとり
　かいもの　　　花の　水やり　　　ペットの　せわ　〕

☆ この ほかに して いる ことや, これから したいと
　おもって いる ことが あったら かきましょう。

いえで する ことの かかりを きめるのも いいね。

こたえ ▶ 96ページ

もうすぐ　2年生

月　　日

とくてん

てん

1 あなたが　1年生に　なって，できるように　なった　ことや，
つづけて　やって　いる　ことの　□に　○を　つけましょう。

【40てん】

① □ 花だんの　花に
水を　やった。

② □ しいくごやの　どうぶつ
の　せわを　した。

③ □ てつぼうで　さか上がり
が　できた。

④ □ なわとびが　じょうずに
とべるように　なった。

☆　ほかに　できるように　なった　ことや，これから　できる
ように　なりたい　ことが　あったら　かきましょう。

2 1年生の あいだで たのしかった ことや, おもい出に のこった こと, 大へんだった ことを, えと 文で かきましょう。

【40てん】

3 あたらしい 1年生に おしえて あげたい ことが あったら かきましょう。

【20てん】

2年生に なる じゅんびは できたかな?

こたえ ▶ 96ページ

こたえ と アドバイス

さんすう

① 10までの　かず，なんばんめ　5~6ページ

1　①2　②1　③3　④4
　　⑤6　⑥5　⑦7　⑧9
　　⑨8　⑩10　⑪0

2　

3　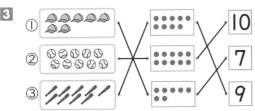

4　①5に○　②10に○

5　①5
　②

📝アドバイス　1　数字は，筆順や形に注意して，ていねいに書くように指導してください。⑪は●が「1つもない」ので「0」です。0の意味をよく理解させましょう。

2　「左から3匹」は，ものの数を表す集合数で，「左から3匹め」は，順序を表す順序数です。このちがいに気づかせましょう。

4　数字で大小を比べることが難しい場合は，おはじきなどを使って数だけ並べ，比べさせるとよいです。

② いくつと　いくつ　7~8ページ

1　①1　②2　③4　④3
2　①2　②4　③5

3

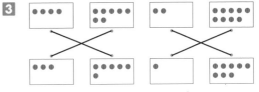

4　①2　②2　③3　④2　⑤3
　　⑥6　⑦5　⑧3　⑨6　⑩9　⑪10

📝アドバイス　5から10までの数の構成（いくつといくつ）の学習です。例えば5の場合，「5は4と1」という分解の見方と，「4と1で5」という合成の見方があります。この両方の見方で数をとらえられるようになることが大切です。

4　それぞれ言葉で表すと，次のようになります。
②「6は4といくつ」
④「7はいくつと5」または，「7は5といくつ」
⑨「3と3でいくつ」

③ あわせて　いくつ，ふえると　いくつ　9~10ページ

1　①2+3=5　②3+1=4
2　①6　②5　③8　④6　⑤10
3　①4+2=6　②3+4=7
4　①4　②8　③5　④7　⑤8　⑥6
　　⑦7　⑧9　⑨9　⑩8　⑪10　⑫10
5　①5　②8

📝アドバイス　1　①は「あわせていくつ」，②は「ふえるといくつ」という場面のたし算です。たし算の意味と式の表し方をよく理解させましょう。

4　③~⑫は，数を思い浮かべて計算できることが理想ですが，難しいようであれば，おはじきなどを使って考えさせましょう。

④ のこりは いくつ，ちがいは いくつ　11~12ページ

1　①3-1=2　②8-5=3

2　①5　②2　③1　④7　⑤5

3　①5-3=2　②6-4=2

4　①1　②4　③3　④2　⑤4　⑥4
　　⑦2　⑧3　⑨6　⑩3　⑪2　⑫7

5　①3　②0

⚫️アドバイス　1　①は「のこりはいくつ」，②は「ちがいはいくつ」という場面のひき算です。ひき算の意味と式の表し方をよく理解させましょう。

4　③~⑫は，数を思い浮かべて計算できないようであれば，おはじきなどを使って考えさせましょう。

5　0のひき算です。②は，6から6を取ると，1つも残らないので0と考えます。

⑤ たしざんと ひきざんの 文しょうだい①　13~14ページ

1　しき　4+3=7　　こたえ　7ひき

2　しき　5+4=9　　こたえ　9にん

3　しき　9-6=3　　こたえ　3こ

4　しき　6+4=10　　こたえ　10こ

5　しき　9-2=7　　こたえ　7ほん

6　しき　10-6=4　　こたえ　4ひき

⚫️アドバイス　「あわせて」，「みんなで」，「いくつおおい」，「のこりは」などの言葉と場面をもとにして，たし算とひき算のどちらになるかを判断できることが大切です。

　例えば4では，次のような手順で取り組ませましょう。

❶問題文を何回か読ませ，たし算とひき算のどちらの場面か考える。➡たし算

❷式を「6+4」と書く。

❸6+4を暗算して，式に「=10」と書く。

❹助数詞に注意して，答えに「10こ」と書く。

　助数詞は難しいものです。数が正しければ，指導しながら正解としてよいです。

⑥ かずの せいり　15~16ページ

1　①右の図
　　②なす
　　③だいこん

2　①いちご
　　②8
　　③なし
　　④りんご，もも
　　⑤3

⚫️アドバイス　表やグラフに表すときの素地となる学習です。

1　①野菜の数を数えるときは，落ちや重なりがないように印をつけながら数えたり，色をぬるときは，どこまでぬるのか印をつけてからぬったりするなど，工夫して作業することが大切です。

⑦ 20までの かず　17~18ページ

1　①12　②14　③15　④18　⑤20

2　①16　②6　③10

3　①11　②13　③19

4　①15　②19　③4　④10

5　①13　②17

6　①12，14　②19，17

7　①17に〇　②20に〇

⚫️アドバイス　20までの数を，「10といくつ」というとらえ方で理解することが大切です。

5　数の線（数直線）を次のように使って考えさせましょう。

①10から右へ3つ進んだ数だから，13

6　まず，いくつずつ大きく（小さく）なっているか，続いている2つの数から考えさせましょう。

⑧ 20までの かずの けいさん

⑧　20までの　かずの　けいさん　19~20ページ

1　①14　②14
　　③17　④15　⑤13　⑥19

2　①10　②13
　　③10　④11　⑤10　⑥15

3　①11　②15　③19　④16　⑤14
　　⑥17　⑦16　⑧17　⑨18　⑩19

4　①10　②10　③10　④10　⑤11
　　⑥12　⑦14　⑧11　⑨14　⑩13

🖊アドバイス　20までの数の構成（10とい
くつ）をもとにした計算です。

1　①のような10にたす計算は，「10とい
くつで10いくつ」と考えて求められます。
②のような計算は，ばら（端数）だけ計算すれ
ば，「10といくつで10いくつ」で求められ
ることを理解させましょう。

2　①のような，ばらが同じ数のひき算は，
言葉で説明すると次のようになります。
❶13は10と3
❷13から3を取ると，残りは10。
　②のような計算は，ばらだけ計算すれば，
「10といくつで10いくつ」で求められます。

⑨　3つの　かずの　けいさん　21~22ページ

1　①9　②6　③8　④10　⑤11

2　①3　②2　③6　④8　⑤4

3　①6　②7　③8　④7
　　⑤10　⑥10　⑦15　⑧18

4　①2　②6　③2　④1　⑤4　⑥9
　　⑦5　⑧8　⑨8　⑩3　⑪1　⑫8

🖊アドバイス　1年生の3つの数の計算は，
前から順に計算していくことが原則です。は
じめの2つの数の計算の答えを式の近くに書
かせ，残りの数との計算をさせると，まちが
いを防ぐことができます。また，答え合わせ
で，どこでまちがえたのかをチェックすると
きにも確かめやすくなります。

3つの数の計算では，次のような，8回で
学習した「20までの数の計算」をふくむも
のもあります。注意して計算させましょう。

1　⑤5+5+1=10+1=11

2　③12-2-4=10-4=6

4　⑦～⑫は，たし算とひき算が混じった計
算です。たすのかひくのかに注意して計算さ
せましょう。

⑩　大きさくらべ　23~24ページ

1　①⓪に○　②あに○

2　①⓪　②あ

3　⓪

4　①う　②2

5　⓪

6　⓪

🖊アドバイス　ここでは，長さ，水などのか
さ，広さ（面積）の比べ方を理解し，大小や多
少を正しく判断できることが大切です。

1　端をそろえて長さを直接比べる方法です。
長さというときは，形や大きさ，太さなどは
関係ないことも押さえさせましょう。

2　①は，⓪にいっぱいに入れた水をあに移
し，あふれるかどうかで直接比べる方法です。
水はあふれているので，⓪のほうに水が多く
入ると考えます。②は，2つの容器にいっぱ
いに入れた水を，同じ大きさのコップに移し，
水面の高さで比べる方法です。

3　端をそろえて重ね，広さを直接比べる方
法です。はみ出しているほうが広いと考えら
れることが大切です。

4～**6**　ある決まった量を単位として，その
いくつ分あるか，数えて比べる方法です。**4**
と**6**は，ます目の長さや広さを，**5**はコップ
を単位とします。長さを数で表せば，**4**の②
のように，「どれだけ長いか」も数で表せる
ことに気づかせましょう。**6**でます目の数は，
あは8個，⓪は10個，うは9個です。

⓫ くり上がりの ある たしざん　25~26ページ

1 ①11　②13　③13　④11　⑤14
　　⑥12　⑦11

2 ①11　②13　③12　④13
　　⑤12　⑥14　⑦12　⑧13
　　⑨11　⑩15　⑪16　⑫16
　　⑬12　⑭17　⑮11　⑯15
　　⑰14　⑱12　⑲15　⑳12
　　㉑16　㉒11　㉓14　㉔18

🖊️**アドバイス**　くり上がりのあるたし算は，まず10を作り，「10といくつで10いくつ」と計算します。

1の①のように，たされる数で10を作る計算のしかたが基本ですが，⑥，⑦のように，たす数のほうが10に近い場合は，たす数で10を作って計算してもよいです。

2　ブロックの図がない場合，例えば9＋3を，9から数えて「10，11，12」と数えたしをして答えを求める場合があります。数えたしは，今後の複雑な計算に対応できなくなることもあるので，早めに10を作って計算する方法へと導いてください。

⓬ くり下がりの ある ひきざん　27~28ページ

1 ①2　②5　③5　④5　⑤3
　　⑥9　⑦9

2 ①6　②8　③4　④4　⑤7　⑥9
　　⑦8　⑧9　⑨6　⑩3　⑪9　⑫8
　　⑬4　⑭8　⑮6　⑯8　⑰8　⑱6
　　⑲7　⑳6　㉑9　㉒7　㉓8　㉔7

🖊️**アドバイス**　くり下がりのあるひき算は，**1**の①のように，10いくつの10からひき，残った数をたして計算する方法が基本です。

ただし，⑥，⑦のように，ひかれる数の一の位の数とひく数が近い場合は，27ページ右下の囲みのように，ひく数を2つに分けて順にひいて計算してもよいです。

2　ブロックの図がない場合，数えひきをして答えを求める場合があります。くり上がりのあるたし算の数えたしと同じ理由から，早めにやめさせ，27ページの計算方法へと導いてください。

⓭ たしざんと ひきざんの 文しょうだい②　29~30ページ

1 しき　9＋3＝12　　こたえ　12人
2 しき　7＋4＝11　　こたえ　11ぴき
3 しき　12－9＝3　　こたえ　3本
4 しき　6＋9＝15　　こたえ　15人
5 しき　15－8＝7　　こたえ　7まい
6 しき　16－9＝7
　　　　こたえ　うしが　7とう　おおい。

🖊️**アドバイス**　式はくり上がりのあるたし算やくり下がりのあるひき算になりますが，文章題としては，5回と同じです。

6　「～が●とうおおい。」と，答えることに注意させましょう。

⓮ 大きな かず　31~32ページ

1 ①35　②3，5
2 ①60　②73
3 ①100　②105
4 ①80　②48　③5，7　④92
5 ①75，86，93
　　②88，103，116
6 ①79に○　②102に○

🖊️**アドバイス**　**1**　100までの数は，「10が何個で何十，何十と何で何十何」ととらえて，10のまとまりの数（十の位）とばらの数（一の位）の2つの数字を並べて表すことを，よく理解させましょう。

3　100より大きい数は，100とすでに学習した1けたや2けたの数を合わせた数という見方で，読み方と数字の表し方をとらえさせましょう。

6　**5**の数の線を見て考えさせてもよいです。

⑮ 大きな　かずの　けいさん 33~34ページ

1 ①50　②20　③70　④100
　　⑤30　⑥40

2 ①29　②23　③35　④59
　　⑤30　⑥74

3 ①70　②70　③90　④100
　　⑤20　⑥80　⑦60　⑧60

4 ①47　②62　③93　④50
　　⑤80　⑥70　⑦37　⑧67
　　⑨48　⑩55　⑪64　⑫82

⊘アドバイス　**1**　10の束がいくつかを考えれば，「3＋2」や「5－3」のような計算をもとにして計算できます。④，⑥は，次のように，100がポイントになります。
④50＋50…10の束は，5＋5で10個。
　　　　　10の束が10個で100。
⑥100－60…100は10の束が10個。
　　　　　10の束は，10－6で4個
　　　　　だから，40。
2　8回の「20までの数の計算」と同じように，ばら（端数）だけ計算すれば，「何十と何で何十何」と，数の構成をもとにして計算できることに気づかせましょう。

⑯ とけい，かたち 35~36ページ

1 ①2じ32ふん　　②9じ
　　③4じ30ぷん（4じはん）
　　④8じ10ぷん　⑤3じ45ふん
　　⑥10じ23ぷん　⑦5じ58ふん

2
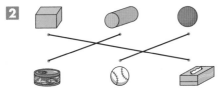

3 ⓘに〇

4 ①5　②6　③10

⊘アドバイス　**1**　「何時」は文字盤の数字で，「何分」は小さい目盛りで読むことを

く理解させましょう。⑦は，短針が6の近くにあることから，「6時58分」とまちがえる場合があります。注意させましょう。
2　立体図形の面の形状などから特徴をつかみ，仲間分けできることが大切です。
4　右の図のように，形の中にⓐの三角形ができるように線をひいて数えさせるとよいです。

⑰ いろいろな　文しょうだい 37~38ページ

1 しき　8＋5＝13　　こたえ　13人
2 しき　14－9＝5　　こたえ　5こ
3 しき　7＋6＝13　　こたえ　13さつ
4 しき　15－6＝9　　こたえ　9人
5 しき　8＋4＝12　　こたえ　12本
6 しき　13－8＝5　　こたえ　5とう

⊘アドバイス　**1**，**4**は順序数を含む問題，**2**，**5**はあめと人といった，異種の数量を扱う問題，**3**，**6**は，2つの数のうち，一方の数と差から，他方の数を求める問題です。どの問題も，図に表して求め方を考えるようにします。
1　「前から8番め」を「前から8人」と考えることがポイントです。
2　「9人に配るあめは9個」と，人数をあめの数に置き換えることがポイントです。
　4～**6**を図に表すと，次のようになります。

4

5
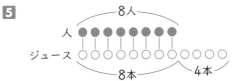

6
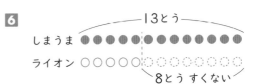

89

こくご

②　ひらがな（2）　41〜42ページ

「おーえん」、「おにーさん」、「おねーさん」、「おとーさん」などが多くあります。長音を含む名前は、よび名に使われていることが多いので、正しく発音できているか確かめましょう。

アドバイス

④　ちょう
③　うち
②　ちか
①　しゃ

4
④　き・さ
③　よ・さ
②　し・ん
①　ち・ん

3
④　こえに
③　おおきい
②　おおり
①　ばんこに

2
⑥　にいさん
⑤　とおく
④　おねえさん
③　にいさん
②　おかあさん
①　ばんこに

1

---

①　ひらがな（1）　39〜40ページ

絵を見て、身近なものの名前を書く問題です。「え」「は」「へ」に気をつけさせましょう。

④　「え」を「へ」
③　「お」「を」
②　ねこ・えき・け
①　は・え・い・き・よ　〈順不同〉

2
④　こんにちは
③　おおかみ
②　ケーキ・スケート　〈順不同〉
①　は・い・え・き・よ　〈順不同〉

1

しょう。

「ー」は長音（長音記号）で表す音は、はねる音には使いません。形の似たかなは、音に注意して見分ける問題です。

3

形の似たかなは、音に似たものもあります。字形をしっかり覚えさせましょう。

2

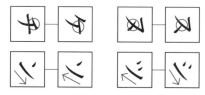

アドバイス

1

---

③　かたかな（1）　43〜44ページ

④　「しゅ」
③　「つ」
②　「ちゃ」
①　「りゃ」

3

④　イ
③　ア
②　ン
①　ー

2

⑫　ジ
⑪　ジョン
⑩　ヨ
⑨　タ
⑧　プ
⑦　ジゾ
⑥　ソー
⑤　ミン
④　サ
③　ア
②　モ
①　ソン

1

促音がある言葉は、「っ」だけで発音するのは難しいので、「ゃ・ゅ・ょ」「っ」に気をつけて書く問題です。

④ **なかまの ことば** 45〜46ページ

1 ①さくらんぼ ②きつね ③バス

2 ①ばら・コスモス・ひまわり〈順不同〉
②スカート・ズボン・セーター〈順不同〉

3 ①やさい ②くだもの
③むし(こんちゅう) ④さかな

4 ①とり { はと・はめ・からす
②がっき { ピアノ・たいこ・ハーモニカ

● アドバイス

1 ①「みかん」は果物なので「さくらんぼ」、②「うさぎ」は動物なので「きつね」、③「タクシー」は車の仲間なので「バス」が、それぞれあてはまります。

3・4 その仲間についても、このほかに知っているものの言葉を、言わせてみるとよいでしょう。

⑤ **だれ(なに)が どう する** 47〜48ページ

1 ①いぬが ある。②くじらが およぐ。
③花が さく。④子犬が ほえる。
⑤小とりが とぶ。

2 ①はしる ②なる ③じどう車

3 ①(さる)・はしる ②ねこ・なく
③きつね・にげる

4 ①ねこ・りす・手・あらう
②ねずみ・本・よむ
③ねこが・木・のぼる

● アドバイス

1 「何が―ある」「何が―どうする」の組み立ての文です。これらは文の基本となる形ですから、しっかり身につけさせましょう。

2 □に入るのは、①・②が述語、③が主語です。絵と照らし合わせながら、言葉を選ばせるようにしましょう。

3 「だれ(何が)―どうする」の組み立ての文です。絵を見ながら、だれが、何をしているのかを確認して、あてはまる言葉を選ばせ…

4 絵をよく見て考えさせましょう。「何が」は主語にあたります。ここでは、動物の名前が入ります。漢字を書くところは、文の組み立ての「何を」にあたります。「どうする」は述語にあたります。

⑥ **「は」「を」「へ」の つかいかた／正しい 文を つくろう** 49〜50ページ

1 ①は ②を ③へ

2 ①お・を ②え・へ
③わ・は・お・を・え・へ

3 ①が・を ②が・に(で) ③から・まで
④で・を

4 ①わたしは としょかんへ いきました。
②ぼくは かばんを くつを もって いきました。
③あには ぼくを つれて えきへ いきました。

● アドバイス

1 「は・を・へ」の使い方を覚えさせるには、まず主語・修飾語・述語という文のつくりを確認させましょう。

2 「ワ・エ」と読むもの「は・へ」と「を」は、言葉の下につけて使わないことを教えましょう。

3 □の中の言葉は、すべて助詞です。助詞の使い方によって文の意味も違ってくるので、声に出して読ませ、絵の内容と合っているかを確かめさせましょう。
例えば、①を「犬を ねこが おう」とすると、絵の内容と逆になります。同じように、③も「らえまで学校から あるく」とすると、男の子の歩いている方向が逆になります。

4 少し長めの文の中の「は・を・へ」の使い分けについての問題です。1を参考に、文のつくりを改めて確認させましょう。

1
- アドバイス
- ① 日・月・水・手は、象形文字、「上・下」は指事文字です。

2

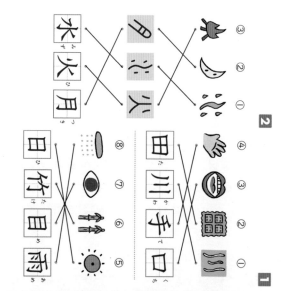

3
- ① あめ　② みず　③ き　④ て
- ⑤ め　⑥ た　⑦ つき　⑧ ひ　まや

4
- ① た　② き　③ め　④ め
- ⑤ ひ　⑥ め　⑦ つき　⑧ まや

アドバイス
- ① 「月・火・水・木・金・土・日」は、絵から生まれた漢字です。上の絵と漢字を見比べてみましょう。
- ③・④ 「人・手」は象形文字、「上・下・山・川・目・耳・雨・田・木・日」は指事文字です。

1
- アドバイス
- ① 「車（くるま）」、「じどうしゃ」は、「じ」「どう」「しゃ」と音読みの言葉で、「しゃ」は「車」の音読みです。「日」「月」は、「ひ」「つき」とも読みますが、「につ」「ち」「つき」とも読みます。

2
- ① せんせい　② ひ・火・金・木・土

3
- 日 ← 月 ← 火 ← 水 ← 木 ← 金 ← 土 か

2
- ① につ・ち　② だ　③ ちゃ・や　④ さ・な
- ⑤ へ・む　② むし　④ か　はな
- ⑤ は・か

1
- ① ② ③ ④
- 火 子 日
- 木 正 先
- 気 生 千

2
- ④ ⑤ ⑥ ⑦
- 大 木 右 石 玉 人 見
- 休 力 丸 林

アドバイス
- 1 ① 右は、一画目を「ノ」と書きますが、左は一画目を「一」と書きます。二画目からの書き順も、別の意味になることがあります。
- ③ 「千」は読み方に注意しましょう。「正」の読みは「しょう・せい」で、二つの音読みがあります。
- ④ 「子」は「し・す」とも読みます。「字」は「じ」と読みます。
- ⑤ 「気」は「き・け」と読みます。

3
- あたりは読み方が「〜しゅう」の漢字です。
- 2 ① 「色」は色かたちをあらわす読みにも、数の読みの「三」「四」をあらわすものにも注意しましょう。
- 3 ④ 「週」「間」に関係のある読みをあらわす「しゅう」の漢字は自然に関係のある読みをあらわすものもあります。
- 4 ① 「学校」の学は、「がっ」と読みますが、「学ぶ」の学は、「がく」と読みます。読み方に注意しましょう。

2

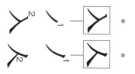

1
- で、字形も整ってきます。
- ⑥ 「人・入」は、正しく書き順に注意して書いていくと、
- ① 数え方の漢字「一」の、全く別の意味の「三」画目の「火」の「ノ」の意味に注意して書きます。
- ② 「人」は、ちがう点・はらい・はねなどに気をつけて、「入」は、左からの書き順に気をつけて書きます。
- ③ 読み方に気をつけて、「上・生」は、読みによって意味や結びつきが変わります。
- ④ 「字・子」の読み方のちがいは三画目の「一」と「ノ」の外の漢字でも読み覚えます。
- ⑤ 「気」のちがいは「空気」「天気」「火」「気」「気もち」と覚えて書いていきます。

⑩ ものがたりの よみとり① 57〜58ページ

1
① はずかしい
② どきどき
③ ウ

2
① のはら・すすき
② ア
③ （おばに のせて）お月さま

● アドバイス

1 ①「みかは はずかしくて 手を あげる ことが できません。」に注目させます。文章中からそのまま抜き出すと「はずかしから」となり、続き具合がおかしいことに気づかせましょう。

② 「どきどき」するのは 緊張したり不安だったりするときです。先生にあてられ、答えられるかどうか緊張しているのです。

③ □の前の先生の言葉「みかさん、よくできましたね。」からわかります。

2 ②お母さんの「りっぱな すすき うれしいわ。」という言葉に目を向けさせましょう。

⑪ ものがたりの よみとり② 59〜60ページ

1
① からす・にく
② こえ
③ イ

2
① はまく（で ひろって きた。）
② くやしかった
③ われる
④ 大そうじ

● アドバイス

1 「イソップ物語」の中にある話がもとになっています。

① 物語の冒頭の一文に注目させましょう。

② きつねが からすの姿や羽の色をほめた後に「こえも よかったら きっと とりの 女王に なれますよ。」と言っています。これを聞いたからすは、それならばと得意になって「こえ」を聞かせようとしていることを理解させましょう。

③ からすは声を聞かせようと、大きな口を開けてしまったために、くわえていた肉が口から落ちてしまったのです。

2 ②三つめのまとまりの「ねこが……くやしそうに 見上げて いると……」に気づかせましょう。貝をつかんで飛び上がっていったかもめをねこが見ている姿です。

③ ——線のすぐ後の「貝は、みごとにぱっくり われましたが」がほう投げた結果です。「われましたら→われる」と言いかえましょう。

④ ねこはかもめに貝を取られてしまったとばかり思っていたのですから、その喜びはひとしおだったでしょう。そのときのねこの気持ちを感じ取らせましょう。

⑫ せつめい文の よみとり① 61〜62ページ

1
① ボール
② とげ
③ イ

2
① ウ
② つるつる
③ 木・ね

● アドバイス

1 ①はりねずみは、やわらかいおなかが弱点であるという点に注目させ、弱点を守るための行動であることをとらえさせます。

② 弱点であるおなかをかくして丸くなることで、どの方向からおそわれても、とげがあるため、てきはつかまえられません。

2 ①茶わんは主に「陶器」（主原料が粘土などの焼き物）と「磁器」（主原料が石などの焼き物）があります。

② 茶わんの中でも「磁器」の茶わんは、硬くてつるつるしているため、ごはんの粒がつきにくくのです。

③ 木に熱が伝わりにくい性質があり、汁わん以外にも、調理器具の取っ手などにも使用されています。最近はプラスチック製の汁わんもあります。

⑮ つたえよう
67〜68ページ

1 ①いつ
②ウ
③いく・じ・ゆう・た
2 ①へも
②へも

アドバイス
1 ①「ていねい」の「て」を「で」とまちがえないようにしましょう。②「ふく」は「服」という言葉を意識させるとよいでしょう。
2 「へ」「も」という言葉を正しく使えているか、注目しましょう。場所を表す「へ」は〈…へいく〉〈…へいった〉などのように、言葉の中の「え」と書くかんちがいやすいので、注意しましょう。

⑭ かたかなを つかおう ③
65〜66ページ

1 ①はう・さ・ギター〈同順〉
②リボン・こおろぎ(先)・たいこ
③なつ・じゅう(じう)
2 ①こうえん(公園)
②ゆう・しな・ラジオ

アドバイス
1 ③「、」と「。」のつかいかたに気をつけましょう。「、」や「。」がないと、どこで文を区切って読めばよいかわからなくなります。
2 ①「……」のつかいかたを理解して、正しく表すことが大切です。ようすを表す言葉の理由を問う問題です。文章の話題である……

⑬ かたかなを つかおう ②
63〜64ページ

1 ①はじ・す ②ア ③オ・き
2 ①ア ②イ ③ウ

アドバイス
1 ③この文章の話題である先の「たこ」を……
2 ①木 ②で

⑯ せつめいの文 ①
69〜70ページ

1 ①いけ ②小石 ③ウ
2 ①ウ ②...

アドバイス
1 ①「ぽちゃん」「ぴちゃぴちゃ」などは、水の音を表す言葉です。現実にひびいているようすを表す言葉です。②小石を投げて水面に広がる実の輪のようすを表した言葉です。

⑰ せつめいの文 ②
71〜72ページ

1 ①(順に)学校・足・九・十
②れい:みんな・うごく・じゆう
2 ①れい:...木・りん・...
3

アドバイス
1 ②絵を参考にして、書かれた言葉を使って考えましょう。絵の中に書かれた言葉に注目しましょう。
2 ②れい:...林・...

3 会話文のかぎ(「 」)や、文のおわりの読点(。)、句点(。)などは、正しく使えているかどうかも、注目しましょう。

せいかつ

① 学校を たんけんしよう 73~74 ページ

1 ①としょしつ（としょかん）
②りかしつ　　③ほけんしつ
④音がくしつ　　⑤しょくいんしつ
⑥たいいくかん

2 ①タンポポ
②アブラナ
③モンシロチョウ

3 ①×　　②○　　③×　　④×

アドバイス 1 それぞれの部屋はどんなことをするところなのか，あわせて確認しましょう。

2 校庭で，ほかに見つけた草花や虫がないか聞いてみましょう。

3 学校の中でのきまりを確認させましょう。きまりを守ることの大切さを理解させるために，なぜ正しいのか，まちがいなのかについても，あわせて話し合ってみましょう。

② 花を そだてよう 75~76 ページ

1 ①アサガオ
②マリーゴールド
③ヒマワリ

2 あ5　　　い1　　　う4
え3　　　お2

3 あ2　　　い1
う3　　　え4

4 ①と③に○

5 ①ヒャクニチソウ
②アジサイ
③ヒマワリ

アドバイス 2 アサガオのたねをまくときは，土にお子さんの人差し指の第一関節くらいの深さ（約1.5cm）の穴をあけて，そこにたねをまきます。

4 水は1日に，1~2回くらいやるとよいでしょう。水のやりすぎは，根がくさることがあるのでよくありません。

葉の数が5～6枚に育ってきたら，茎が巻きつくように支えの棒（支柱）を立ててやります。また，地面に植えかえて，支えの棒を立ててもよいでしょう。

③ あんぜんに あそぼう 77~78 ページ

1 ①おらない　　②一人　　③じゅんばん
④入らない　　⑤車

2 ①車に○
②いけないに○
③きけんなに○
④水，おとなに○

アドバイス 1 外で遊ぶときには，必ずきまりを守らせるようにしましょう。また，家に帰ってきたら，学校や帰り道でどんなことがあったのか聞いてみましょう。

学校の登下校でも安全に気をつけて，きまりを守らせるようにしましょう。

2 夏になると，外での遊びが多くなります。安全に気をつけて遊ばせるようにしましょう。

④ たねとりを しよう，生きものを 見つけよう 79~80 ページ

1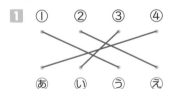

2 ①に○

3 ①カマキリ　　②アリ　　③コオロギ
④バッタ　　⑤トンボ　　⑥セミ

4 ①あカエデ　　　いイチョウ
②ついて いない。（おちて しまう。）

アドバイス 1 たねや花は，植物の種類によって色や形，大きさが違っていることに気づかせましょう。

2 ヒマワリのたねは，1つの花からとても

たくさんとれるので，１粒１粒数えるのは大変です。１０粒ずつ数える方法を試してみましょう。

❸ 公園や野原で見かけることが多い昆虫です。実際に見たことがあるかどうか聞いてみましょう。

❹ カエデやイチョウ，サクラは秋になると葉の色が黄色や赤色に変わり，やがて散ってしまいます。また，秋になっても葉の色が緑色で変わらず，枝に葉をつけたままの木があることにも気づかせましょう。

❺ かぞく 大すき　81~82ページ

❶ おうちの人たちと，いっしょにしたことに〇をつけましょう。

❷ ①かいもの
②しょっきあらい
③おふろの　そうじ
④しんぶんとり
⑤ペットの　せわ
⑥花の　水やり
しているお手つだいに〇をつけましょう。

✐アドバイス　**❶** 家族がそろって何かをすることは，お子さんの成長に大切なことです。１つも〇がつかなくても，下の枠（この　ほかに　した　ことが　あったら　かきましょう。）に，何か書いてあればよいでしょう。

❷ お子さんに何か手伝いをさせることは大切なことです。お子さんは自分にできる手伝いをすることで，家族の一員としての役割を自覚することができます。１つも〇がつかなくても，下の枠（この　ほかに　して　いる　ことや，これから　したいと　おもって　いる　ことが　あったら　かきましょう。）に，何か書いてあればよいでしょう。

また，お子さんが自分から手伝いをしたり，毎日でなくても決まった日に手伝いをしたりすることは大切なことです。１つでも手伝い

が継続できるようにさせましょう。

❻ もうすぐ　2年生　83~84ページ

❶ １年生になってできるようになったことや，続けてやっていることに〇をつけましょう。

❷ 楽しかったことや思い出に残ったこと，大変だったことを絵と文でかきましょう。

❸ 新１年生に，教えてあげたいことを書きましょう。

✐アドバイス　**❶** １つも〇がつかなくても，下の枠（ほかに　できるように　なった　ことや，これから　できるように　なりたい　ことが　あったら　かきましょう。）に，何か書いてあればよいでしょう。

また，学校のことだけではなく，家の中でもできるようになったことはないかを話し合ってみましょう。2年生になったら，何をしたいかなども話し合ってみましょう。

❷ １年間の学校生活で楽しかったことや，思い出に残ったことなどを自分なりに表現できるようにしましょう。

❸ 自分が１年生になったとき，上級生にしてもらったことや教えてもらったことで，うれしかったことや楽しかったことなども，新しい１年生に教えてあげるとよいでしょう。